2021 年江苏高校“青蓝工程”优秀教学团队数智会计教学团队项目、
2019 年扬州市职业大学会计专业优秀教学团队项目资助

高等职业教育财会专业系列教材

财务会计（下）

主　编　陆彩兰

副主编　缪桂英　徐芝君　姚　红

中国财富出版社有限公司

图书在版编目（CIP）数据

财务会计．下／陆彩兰主编．—北京：中国财富出版社有限公司，2021.5
（高等职业教育财会专业系列教材）
ISBN 978-7-5047-7426-2

Ⅰ.①财…　Ⅱ.①陆…　Ⅲ.①财务会计—高等职业教育—教材　Ⅳ.①F234.4

中国版本图书馆 CIP 数据核字（2021）第 083715 号

策划编辑 孟　婷　　**责任编辑** 张红燕　孙建秋
责任印制 尚立业　　**责任校对** 孙丽丽　　**责任发行** 董　倩

出版发行 中国财富出版社有限公司
社　址 北京市丰台区南四环西路 188 号 5 区 20 楼　　**邮政编码** 100070
电　话 010-52227588 转 2098（发行部）　010-52227588 转 321（总编室）
010-52227588 转 100（读者服务部）　010-52227588 转 305（质检部）
网　址 http://www.cfpress.com.cn　　**排　版** 宝蕾元
经　销 新华书店　　**印　刷** 宝蕾元仁浩（天津）印刷有限公司
书　号 ISBN 978-7-5047-7426-2/F·3295
开　本 787mm×1092mm　1/16　　**版　次** 2021 年 7 月第 1 版
印　张 10.75　　**印　次** 2021 年 7 月第 1 次印刷
字　数 235 千字　　**定　价** 42.00 元

前　言

《财务会计（下）》是会计专业教材《财务会计（上）》的后续课程教材。本教材按照最新课程标准，以新修订的《企业会计准则》为依据，将资产项目以外的财务知识和技能内容进行编排，总共设置六大项目，包括负债、所有者权益、收入、费用、利润形成及分配、财务报告。同时，基于企业实际，对传统财务会计进行优化组合，克服其理论教学与实践操作相分离的弊端，强调实践操作的及时性和针对性，以适应会计专业人才的培养要求。

本教材编写的主要特点如下。

（1）重视“教、学、做”的一体化和及时性。一方面，以教学内容引导为主线，围绕学生的主体地位，强化学练结合，增加学生动手的机会，使理论教学完全服务于技能训练。另一方面，重视会计技能训练的及时性。通过设置教学任务环节，安排专项的实践操作和重点内容的课堂讨论，并布置相应的作业，使学生利用实践检验会计理论的学习效果，从而及时发现可能存在的不足，尽快实现会计职业能力的提升。

（2）充分利用数字化教学资源。通过设计相应的视频、音频等辅助性教学资源，并利用二维码扫描链接，将现代信息技术贯穿于教材各环节，方便学生进行在线学习、实例训练和自我测试。同时，引进大数据、智能化思维，开设信息化项目模块，为课程教学增添新技术和新方法，促进纸质内容与数字化、信息化教学资源的充分融合，更好地适应了高职高专财经专业的教学需要和社会各界人士的自学需求。

（3）凸显内容设计的层次性和可操作性。针对当代高职学生的学习特点，按照资产项目流动性强弱顺序精心设计教材内容，形成各个项目知识和技能的衔接，符合学生接受新事物的心理需求。并且对接职业标准和岗位要求，注重吸收产业文化和优秀企业文化，通过案例导入、课堂讨论、实践操作等梯度性的活动设计，丰富课程教学内容，不断提升学生的职业素养。

（4）教材表现形式突出直观化与形象化。根据高职学生抽象思维能力较弱的特点，本教材在语言文字表达方面力求形象化、具体化，内容图文并茂、通俗易懂，体现知识性和趣味性；同时，利用超星网络教学平台配备了相应的在线课程，并配套有课程习题集，以激发学生个性化学习欲望。

（5）坚持“实用为主、够用为度”原则，结合实际对相关技能进行提炼，避免内容庞杂、难度偏大，减轻学生的心理负担，使之建立自信，更快地掌握会计专业技能。

本教材的编写参阅了国内外相关领域的文献资料，并得到了高职院校、专家及出版社老师的指导和帮助，在此表示衷心的感谢。同时，在产教融合和校企合作思路的引导下，高职教材的开发和创新工作仍处于不断发展的阶段，限于编者的水平，书中难免有不足之处，敬请读者批评指正。

编　者

2021 年元月

目　录

项目一　负债

知识目标

1. 熟悉负债的定义及分类；
2. 理解各类流动负债、非流动负债的核算内容；
3. 掌握借款费用的范围以及予以资本化确认的条件。

能力目标

1. 具备对各类流动负债、非流动负债进行会计核算的能力；
2. 熟练计算出增值税额和消费税额的大小；
3. 准确计算各类负债的利息费用。

案例导入

小李是一家公司新进的财务人员。有一天他看见出纳要去办理银行借款的事项，可是公司经营业绩非常不错，营业利润也很好，这让小李百思不得其解。于是他就去请教资深会计老王。

“既然公司运转得很好，为什么还要向银行借款呢？难道公司遇到资金周转困难了吗？”小李问。老王呵呵地笑了：“不是这样的。你听说过负债经营吗？正是因为公司最近几年发展得特别好，进行适当的负债可以有效地利用财务杠杆，更加有利于公司的发展。”小李豁然开朗：“噢，我明白了！”

问题思考：除了向银行借款，企业还有哪些负债类型？如果你是一名财务人员，如何对企业的负债业务进行会计核算呢？

任务一　负债概述

学习情境一　负债的定义及确认条件

一、负债的定义

根据《企业会计准则——基本准则》（2006）第 23 条，负债是指企业过去的交易或事项形成的、预期会导致经济利益流出企业的现时义务。其主要特征有如下 3 个。

（1）负债是企业承担的现时义务。现时义务是负债的最基本特征，指企业在现行条件下已承担的义务。未来发生的交易或事项形成的义务，不属于现时义务，不应当确认为负债。

（2）负债预期会导致经济利益流出企业。这是负债的本质特征。企业履行现时义务时，会导致经济利益流出企业。

（3）负债是由企业过去的交易或事项所形成的。只有过去发生的交易或事项才能形成负债。

二、负债的确认条件

一项现时义务确认为负债，除了符合负债的定义外，还需要同时满足以下 2 个条件。

（1）与该义务有关的经济利益很可能流出企业。

（2）未来流出经济利益的金额能够可靠地计量。

课堂讨论

如何将一项现时义务确认为负债？

学习情境二　负债的分类

在资产负债表中，负债需要根据其流动性强弱进行列报，一般按照偿还速度或偿还时间将其划分为流动负债和非流动负债两大类。

一、流动负债

流动负债是指将在 1 年（含 1 年）或超过 1 年的一个营业周期内，需要以流动资产或增加其他负债来抵偿的债务。其主要特点是偿还期短、数额相对较小、到期必须偿还、债务发生的原因是为了生产经营资金周转。

流动负债的主要项目：短期借款、应付票据、应付账款、预收账款、应付职工薪酬、应交税费、应付利息、应付股利、其他应付款等。

二、非流动负债

非流动负债是指偿还期在1年或超过1年的一个营业周期以上的债务。其主要特点是偿还期长、数额相对较大、偿还方式灵活多样。

非流动负债的主要项目：长期借款、应付债券、长期应付款等。

课堂讨论

流动负债与非流动负债有何区别？

任务二　流动负债

学习情境一　短期借款

一、短期借款的核算内容

短期借款是指企业从银行或者其他金融机构借入的期限在1年以内（含1年）的各种借款。企业向银行借款是为了满足生产经营的需要，主要用于购买材料、商品，支付费用或归还债务等。

企业短期借款的偿还方式：分期付息到期还本和到期一次还本付息。

二、短期借款的会计核算

（一）账户设置

企业应设置“短期借款”账户，用于核算从银行或其他金融机构实际取得和归还短期借款的经济业务。该账户为负债类账户，借方登记短期借款的减少，贷方登记短期借款的增加，期末余额在贷方，反映尚未清偿的短期借款。该账户应按借款种类、借款人、借入币种进行明细核算。

（二）账务处理

短期借款的账务处理主要包括款项的借入、借款利息的计提和支付、到期还款。

短期借款的核算

1. 款项的借入

借：银行存款

　贷：短期借款

2. 借款利息的计提和支付

（1）利息的计提：

借：财务费用

　贷：应付利息

（2）利息的支付：

借：应付利息

　贷：银行存款

3. 到期还款

（1）若为分期付息到期还本，则：

借：短期借款

　　财务费用（最后一期的利息）

　贷：银行存款

（2）若为到期一次还本付息，则：

借：短期借款

　　财务费用（最后一期的利息）

　　应付利息（前面几期应付未付的利息）

　贷：银行存款

【例 1－1】 通达公司 2020 年 3 月 1 日从银行取得短期借款 100 000 元。借款合同约定，借款年利率 6%，期限 1 年，到期日为 2021 年 3 月 1 日。假定通达公司按月计提利息，每半年支付一次利息。通达公司应做出账务处理如下。

（1）2020 年 3 月 1 日取得短期借款时：

借：银行存款　　100 000

　贷：短期借款　　100 000

（2）2020 年 3 月 31 日计提借款利息时：

应付利息 ＝100 000 ×6% ÷12 ＝500（元）

借：财务费用　　500

　贷：应付利息　　500

2020 年 4 月至 7 月每月末计提利息的账务处理与 3 月的相同。

（3）2020 年 8 月 31 日支付借款利息时：

借：应付利息（500 ×5）　　2 500

　　财务费用　　500

　贷：银行存款　　3 000

（4）2020 年 9 月至 2021 年 1 月每月末计提利息的账务处理与 2020 年 3 月的相同。

（5）2021 年 3 月 1 日归还本金和支付利息时：

借：短期借款　　100 000
　　财务费用　　500
　　应付利息　　2 500
　贷：银行存款　　103 000

课堂讨论

短期借款的会计核算分为哪些环节？每一环节的账务处理如何进行？

实践操作

通达公司于 2021 年 1 月 1 日向银行借入一笔生产经营用的 9 个月借款，共计 120 000 元，年利率为 5%。根据签署的借款合同，该借款的本金到期一次归还，利息按季支付。

要求：编制通达公司前 3 个月的会计分录并正确填制记账凭证。

学习情境二　应付票据

一、应付票据的核算内容

应付票据是指企业因购买材料、商品或接受劳务而开出的商业汇票。当企业购买材料、商品或接受劳务的金额较大时，一般被要求提供商业汇票以保证按期付款。

商业汇票按承兑人不同，可以分为银行承兑汇票和商业承兑汇票。我国商业汇票的付款期限最长为 6 个月（电子版的商业汇票最长付款期限为 1 年），因此，应付票据属于流动负债项目。

二、应付票据的会计核算

（一）账户设置

企业应设置“应付票据”账户，用于核算购买材料、商品或接受劳务开出的商业汇票业务。该账户属于负债类账户，借方登记商业汇票到期的金额，贷方登记企业开出并承兑的商业汇票金额，期末余额在贷方，反映尚未到期的商业汇票金额。该账户根据债权人进行明细核算。

（二）账务处理

应付票据的账务处理主要包括签发并承兑商业汇票、商业汇票到期承付、商业承兑汇票到期无款支付。

1. 签发并承兑商业汇票

借：原材料/在途物资/材料采购/库存商品

　　应交税费——应交增值税（进项税额）

　贷：应付票据——××单位

2. 商业汇票到期承付

借：应付票据——××单位

　贷：银行存款

3. 商业承兑汇票到期无款支付

借：应付票据——××单位

　贷：应付账款——××单位

【例1-2】 2020年3月5日通达公司从利华公司购买甲材料一批，取得增值税专用发票上注明的价款为20 000元，增值税2 600元。通达公司签发一张面值为22 600元的商业承兑汇票，期限3个月。该批材料已验收入库。则通达公司的账务处理如下。

（1）2020年3月5日签发商业承兑汇票时：

借：原材料——甲材料　　20 000

　　应交税费——应交增值税（进项税额）　　2 600

　贷：应付票据——利华公司　　22 600

（2）2020年6月5日商业承兑汇票到期，通达公司按期付款时：

借：应付票据——利华公司　　22 600

　贷：银行存款　　22 600

（3）若商业承兑汇票到期，通达公司无力承付，则：

借：应付票据——利华公司　　22 600

　贷：应付账款——利华公司　　22 600

【例1-3】 通达公司2020年3月6日从信远公司购入乙材料一批，增值税专用发票上注明的价款为10 000元，增值税1 300元。材料已验收入库。该企业开出一张银行承兑汇票，期限5个月，银行承兑手续费33.50元。8月6日商业汇票到期，通达公司通知银行付款。则会计分录如何编制？

（1）2020年3月6日开出银行承兑汇票时：

借：原材料——乙材料　　10 000

　　应交税费—应交增值税（进项税额）　　1 300

　贷：应付票据——信远公司　　11 300

（2）支付银行承兑手续费时：

借：财务费用　　33.50

　贷：银行存款　　33.50

（3）2021 年 8 月 6 日支付商业汇票款时：

借：应付票据——信远公司 11 300

贷：银行存款 11 300

（4）假设银行承兑汇票到期，企业无力偿还，则可与银行商量借款：

借：应付票据——信远公司 11 300

贷：短期借款 11 300

课堂讨论

企业使用商业承兑汇票结算与使用银行承兑汇票结算在会计核算上有何区别？

实践操作

通达公司 2021 年 3 月 7 日从利华公司购买 A 商品一批，取得的增值税专用发票注明价款 30 000 元，增值税税率 13%。该商品已验收入库。通达公司按应支付价税款开出一张期限为 6 个月的商业承兑汇票。9 月 7 日商业承兑汇票到期，但通达公司因资金紧张无力支付。

要求：对通达公司上述业务进行会计处理并正确填制记账凭证。

学习情境三 应付账款

应付账款与应付票据的区别

一、应付账款的核算内容

应付账款是指企业因购买材料、商品或接受劳务等经营活动应支付但未支付的款项。一般情况下，企业在购买材料、商品或接受劳务时，会取得一定的商业信用。比如，销货方在发货时同意给予购货方 30 天的信用期，这时购货方就取得了一项短期融资，应当确认为应付账款。购货方应当在收到发票账单时将相关价税款入账。

二、应付账款的会计核算

（一）账户设置

企业应设置“应付账款”账户，用于核算应付账款的发生、偿还和转销情况。该账户属于负债类账户，借方登记偿还的或抵付、冲销的应付账款，贷方登记企业购买材料、商品或接受劳务等而发生的应付账款，期末余额一般在贷方，反映企业尚未偿还的应付账款。该账户应按债权人进行明细核算。

（二）账务处理

应付账款的账务处理主要包括应付账款的确认、偿还、转销和附有现金折扣条件的应付账款会计核算。

1. 应付账款的确认

企业确认应付账款，应考虑所购买货物（简称货）与相关发票账单（简称单）到达企业时间的关系，并据此可以分为单货同到、单到货未到和货到单未到3种情况。

（1）单货同到情况的账务处理。

借：原材料——××材料

　　应交税费——应交增值税（进项税额）

　贷：应付账款——××单位

【例1－4】2020年3月7日通达公司从林峰公司购买甲材料一批，取得的增值税专用发票注明价款为20 000元，增值税2 600元。材料已经验收入库，款项尚未支付。

借：原材料——甲材料	20 000	
应交税费——应交增值税（进项税额）	2 600	
贷：应付账款——林峰公司		22 600

（2）单到货未到情况的账务处理。

借：在途物资——××材料/××单位

　　应交税费——应交增值税（进项税额）

　贷：应付账款——××单位

【例1－5】2020年3月9日通达公司从雨声公司购买乙材料一批，取得的增值税专用发票注明价款为50 000元，增值税6 500元。材料尚未收到，款项尚未支付。

借：在途物资——乙材料	50 000	
应交税费——应交增值税（进项税额）	6 500	
贷：应付账款——雨声公司		56 500

（3）货到单未到情况的账务处理。

月底先按照合同价格或计划成本暂估应付账款的入账价值，待下月初将暂估价值冲销，收到发票账单时再按照单货同到情况入账。

月底暂估：

借：原材料——××材料

　贷：应付账款——暂估应付款

下月初红字冲销：

借：原材料——××材料（金额红字）

　贷：应付账款——暂估应付款（金额红字）

收到发票账单时再重新入账：

借：原材料——××材料

　　应交税费——应交增值税（进项税额）

　贷：应付账款——××单位

【例1-6】2020年3月10日通达公司从利华公司购买丙材料一批，材料已经验收入库，但到月底仍未收到发票账单。4月3日，收到对方发票账单，其中不含税价款10 000元，增值税1 300元。但通达公司尚未支付款项。该批材料计划成本为12 000元。

2020年3月底暂估：

借：原材料——丙材料　　12 000

　贷：应付账款——暂估应付款　　12 000

2020年4月1日冲销：

借：原材料——丙材料　　12 000（金额红字）

　贷：应付账款——暂估应付款　　12 000（金额红字）

2020年4月3日重新入账：

借：原材料——丙材料　　10 000

　　应交税费——应交增值税（进项税额）　　1 300

　贷：应付账款——利华公司　　11 300

2. 应付账款的偿还

借：应付账款——××单位

　贷：银行存款

3. 应付账款的转销

在某些情况下，付款人可能因为债权人单位撤销或其他原因而使得应付账款无法清偿，此时付款人应当将该应付账款确认为一项利得，计入营业外收入，账务处理如下：

借：应付账款——××单位

　贷：营业外收入

【例1-7】2020年3月8日通达公司有一笔应付A公司的账款5 000元，因对方公司宣告破产而无法偿还。

借：应付账款——A公司　　5 000

　贷：营业外收入　　5 000

4. 附有现金折扣条件的应付账款会计核算

如果卖方在赊销商品时为了尽快回笼资金给买方开出现金折扣条件，买方应当按照总价法，将包含现金折扣的价款总额及相关税费确定为应付账款的入账价值。

【例1-8】2020年3月10日通达公司从利华公司购买丁材料一批，发票注明的不含税价款为30 000元，增值税为3 900元。材料已经验收入库，货款尚未支付。同时，利华公司开出现金折扣条件为“2/10，1/20，N/30”，假设现金折扣不考虑增值税。

（1）2020 年 3 月 10 日收到材料时：

借：原材料——丁材料　　30 000
　　应交税费——应交增值税（进项税额）　　3 900
　贷：应付账款——利华公司　　33 900

（2）假定通达公司 3 月 19 日付款，则该公司享有的现金折扣 = 30 000 × 2% = 600（元），实际支付的价税款 = 33 900 − 600 = 33 300（元）。

借：应付账款——利华公司　　33 900
　贷：银行存款　　33 300
　　　财务费用　　600

（3）假定通达公司 3 月 29 日付款，则该公司享有的现金折扣 = 30 000 × 1% = 300（元），实际支付的价税款 = 33 900 − 300 = 33 600（元）。

借：应付账款——利华公司　　33 900
　贷：银行存款　　33 600
　　　财务费用　　300

（4）假定通达公司 4 月 8 日付款，则：

该公司不享有任何现金折扣，实际支付的价税款 33 900 元。

借：应付账款——利华公司　　33 900
　贷：银行存款　　33 900

课堂讨论

应付账款的会计核算分为哪些情况？每种情况下的账务处理如何进行？

实践操作

通达公司 2021 年 3 月 11 日从利华公司购买乙材料一批，发票上注明的价款为 50 000 元，增值税税率 13%，材料已经验收入库。利华公司给予付款条件：2/10，1/20，N/45。通达公司于 3 月 20 日支付价款（现金折扣不考虑增值税）。

要求：对通达公司上述业务进行账务处理并正确填制记账凭证。

学习情境四　预收账款

一、预收账款的核算内容

预收账款是指企业按照合同规定从购货方或者接受劳务方预收的款项。预收账款是企业暂时占有的购货方的资金，是一项短期债务，这种债务要求企业以实物或劳务来偿还。

二、预收账款的会计核算

（一）账户设置

企业一般设置“预收账款”账户，用于核算按照合同规定预收的款项。该账户属于负债类账户，借方登记企业向购货方发货后冲销的预收账款金额和退回购货方多付的款项，贷方登记预收账款的金额和购货方补付的款项。期末余额一般在贷方，表示已预收货款但尚未向购货方发货的金额；期末余额如在借方，属于应收账款性质，反映企业多冲销或应向购货方收取的款项。

企业预收账款不多的，也可以不设置“预收账款”账户，将发生的预收账款直接计入“应收账款”账户的贷方。

（二）账务处理

预收账款的账务处理主要包括按合同预收货款、销售实现、结清货款。

1. 按合同预收货款

借：银行存款

　　贷：预收账款——××单位

2. 销售实现

借：预收账款——××单位

　　贷：主营业务收入

　　　　应交税费——应交增值税（销项税额）

同时结转商品成本：

借：主营业务成本

　　贷：库存商品

3. 结清货款

（1）若预收账款金额不足以支付，则应在收到对方补付余款时：

借：银行存款

　　贷：预收账款——××单位

（2）若预收账款金额超过价税款，则应退回多余款项：

借：预收账款——××单位

　　贷：银行存款

【例1－9】 2020年3月12日通达公司收到利华公司的货款定金5 000元。3月15日通达公司按合同规定向利华公司发出B商品，开出的增值税专用发票上注明的价款为10 000元，增值税为1 300元，该批商品实际成本为7 000元。4月3日通达公司收到利华公司补付的余款。

（1）2020 年 3 月 12 日预收货款时：

借：银行存款　　5 000

　贷：预收账款——利华公司　　5 000

（2）2020 年 3 月 15 日发出商品，确认收入时：

借：预收账款——利华公司　　11 300

　贷：主营业务收入　　10 000

　　　应交税费——应交增值税（销项税额）　　1 300

同时结转 B 商品成本：

借：主营业务成本　　7 000

　贷：库存商品——B 商品　　7 000

（3）2020 年 4 月 3 日收到补付的余款时：

借：银行存款（11 300 – 5 000）　　6 300

　贷：预收账款——利华公司　　6 300

课堂讨论

预收账款的会计核算分为哪些环节？每一环节的账务处理如何进行？

实践操作

通达公司 2021 年 3 月 13 日收到南方公司预付的货款 20 000 元。3 月 16 日通达公司按合同规定向南方公司发出 C 商品，开出的增值税专用发票上注明的价款为 10 000 元，增值税为 1 300 元，该批商品的实际成本为 8 000 元。4 月 1 日通达公司将多余的款项退回给南方公司。

要求：对通达公司上述业务进行账务处理并正确填制记账凭证。

学习情境五　应付职工薪酬

一、职工薪酬的含义和内容

职工薪酬的含义与内容

（一）职工薪酬的含义

职工薪酬是指企业为获得职工提供的服务或解除劳动关系而给予的各种形式的报酬或补偿。

职工薪酬中所指的职工，涵盖的范围十分广泛，指与企业订立劳动合同的所有人员，不仅包括全职、兼职人员和临时工，还包括虽未与企业订立劳动合同但由企业正式任命的人员，如董事会成员和监事会成员，另外也包括虽未与企业订立劳动合同或未由企业正式任命，但向企业提供的服务与职工所提供的服务类似的人员，如通过企业与劳务中介公司签订用工合同而向企业提供服务的人员。

（二）职工薪酬的内容

职工薪酬包括短期薪酬、辞退福利和离职后福利。企业提供给职工配偶、子女、受赡养人、已故员工遗属以及其他受益人等的福利，也属于职工薪酬。

1. 短期薪酬

短期薪酬是指企业在职工提供相关服务的年度报告期间结束后 12 个月内需要全部予以支付的货币性薪酬和非货币性薪酬。具体内容如下。

①职工工资、奖金、津贴和补贴。该薪酬是指按照国家有关规定构成职工工资总额的计时工资、计件工资、支付给职工的超额劳动报酬和增收节支而支付的奖金、为补偿职工特殊贡献或额外劳动而支付的津贴、支付给职工有关交通、通信、物价等方面的补贴。

②职工福利费。该薪酬是指企业为职工卫生保健、生活等发放或支付的各种现金补贴和非货币性福利，企业尚未分离的内设集体福利部门所发生的设备、设施和人员费用，以及按规定发生的其他职工福利支出。

③社会保险费。该薪酬是指企业按照国家规定的基准和比例计算，并向社会保障经办机构缴纳的养老保险费、医疗保险费、失业保险费、工伤保险费和生育保险费。

④住房公积金。该薪酬是指企业按照国家规定的基准和比例计算，并向住房公积金管理机构缴存的用于职工购买、建造、翻建、大修自住住房的长期储备资金。

⑤工会经费和职工教育经费。该薪酬是指为改善职工文化生活、提高职工业务素质，用于开展工会活动和职工教育及职业技能培训等的相关支出。

⑥非货币性福利。该薪酬是指企业以自产产品或外购商品发放给职工作为福利，将企业拥有或租赁的固定资产无偿提供给职工使用，为职工提供无偿医疗保健服务，或者向职工提供企业支付了一定补贴的商品或服务等。

⑦短期带薪缺勤。该薪酬是指企业支付工资或提供补偿的职工缺勤，包括年休假、病假、短期伤残、婚假、产假、丧假、探亲假等。

⑧短期利润分享计划。该薪酬是指因职工提供服务而与职工达成的基于利润或其他经营成果提供薪酬的协议。

2. 辞退福利

辞退福利是指企业在职工劳动合同到期之前解除与职工的劳动关系，或者为鼓励职工自愿接受裁减而给予职工的补偿。

3. 离职后福利

离职后福利是指企业为获得职工提供的服务而在职工退休或与企业解除劳动关系后，提供的各种形式的报酬和福利。离职后福利包括退休福利及其他离职后福利。

《中华人民共和国企业所得税法实施条例》第三十四条规定，企业发生的合理的工资薪金支出，准予税前扣除。同时对其他薪酬的税前扣除标准也作出了规定：企业发生的职工福利费按不超过工资薪金总额14%的部分，职工教育经费按不超过工资薪金总额2.5%的部分，企业拨缴的工会经费按不超过工资薪金总额2%的部分，准予税前扣除。

课堂讨论

职工薪酬包括哪些内容？如何认识短期薪酬的范围？

小知识：加班加点工资

小知识：带薪年休假

二、职工薪酬的会计核算

（一）账户设置

企业应设置“应付职工薪酬”账户，用于核算应付职工薪酬的提取、结算、使用等情况。该账户属于负债类账户，借方登记实际发放职工薪酬的金额，包括扣还的款项等，贷方登记已分配计入有关成本费用项目的职工薪酬金额，期末余额在贷方，反映企业应付未付的职工薪酬。该账户应当按照薪酬内容项目进行明细核算。

（二）账务处理

1. 货币性职工薪酬的账务处理

货币性职工薪酬是指企业以货币形式支付给职工或为职工支付的工资、职工福利费、社会保险费、住房公积金、工会经费以及职工教育经费等。对于货币性职工薪酬，企业应当按照国家及地方有关规定确定计提基础和计提比例。国家没有规定计提基础和计提比例的，企业应当自行规定或参考历史数据和实际情况，合理预计当期应付职工薪酬的金额。

货币性职工薪酬的账务处理包括职工薪酬分配和职工薪酬支付。

（1）职工薪酬分配。

企业一般应于每期期末，按照货币性职工薪酬的应付金额，将其计入“应付职工薪酬”账户，同时根据职工服务的受益部门和对象，将其分配计入相关费用或资产账户，其账务处理如下：

借：生产成本——基本生产成本（基本生产车间工人的工资）
　　　　　　——辅助生产成本（辅助生产车间工人的工资）
　　制造费用（车间管理人员的工资）
　　管理费用（厂部管理人员的工资）
　　销售费用（专设销售机构人员的工资）
　　在建工程（工程建设人员的工资）
　　研发支出（研发部门人员的工资）

贷：应付职工薪酬——工资

——社会保险费

——住房公积金

——工会经费

——职工教育经费

应付职工薪酬的核算

【例 1－10】通达公司 2021 年 3 月的职工薪酬明细表如表 1－1 所示，要求据此做出职工薪酬分配的账务处理。

表 1－1　　通达公司职工薪酬明细表

2021 年 3 月　　单位：元

薪酬 部门	工资总额	社会保险费（10%）	住房公积金（12%）	工会经费（2%）	职工教育经费（1.5%）	合计
基本生产车间	85 000	8 500	10 200	1 700	1 275	106 675
车间管理部门	10 000	1 000	1 200	200	150	12 550
行政管理部门	40 000	4 000	4 800	800	600	50 200
销售部门	30 000	3 000	3 600	600	450	37 650
研发部门	25 000	2 500	3 000	500	375	31 375
合计	190 000	19 000	22 800	3 800	2 850	238 450

2021 年 3 月通达公司对于职工薪酬分配做出如下账务处理：

借：生产成本——基本生产成本　106 675

制造费用　12 550

管理费用　50 200

销售费用　37 650

研发支出　31 375

贷：应付职工薪酬——工资　190 000

——社会保险费　19 000

——住房公积金　22 800

——工会经费　3 800

——职工教育经费　2 850

（2）职工薪酬支付。

发放货币性职工薪酬时，企业按应支付给职工的金额，做出如下账务处理：

借：应付职工薪酬（应当支付的金额）

贷：银行存款/库存现金等（实际支付的金额）

应交税费——应交个人所得税（企业代扣代缴的个人所得税）

其他应收款（企业代垫款项）

其他应付款（企业代扣款项）

【例1－11】通达公司2021年4月7日发放职工工资时，应付职工工资总额为190 000元，其中应由公司代扣代缴的个人所得税为21 000元、社会保险费为19 000元、住房公积金为22 800元，实发工资已经通过银行转账支付。

2021年4月7日通达公司对于职工薪酬支付做出如下账务处理：

借：应付职工薪酬——工资　　190 000

　贷：银行存款　　127 200

　　应交税费——应交个人所得税　　21 000

　　其他应付款——社会保险费　　19 000

　　　　——住房公积金　　22 800

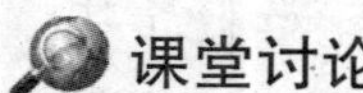

课堂讨论

货币性职工薪酬的会计核算分为哪些环节？每一环节的账务处理如何进行？

实践操作

通达公司2021年8月职工工资总额650万元，其中，基本车间生产工人工资200万元，车间管理人员工资90万元，专设销售机构人员工资60万元，工程人员工资100万元，研发人员工资80万元，行政管理人员工资120万元（假定不考虑其他因素影响）。同时根据当地政府规定，公司分别按照职工工资总额的10%、12%、2%、11%计提医疗保险、养老保险、失业保险和住房公积金，且按照职工工资总额的2%、1.5%分别计提工会经费和职工教育经费。

要求：编制通达公司上述业务的相关会计分录，并正确填制所有记账凭证。

2. 非货币性职工薪酬的账务处理

非货币性职工薪酬的账务处理包括的情形：以自产产品或外购商品发放给职工作为福利、将拥有或租赁的固定资产无偿提供给职工使用。

（1）以自产产品或外购商品发放给职工作为福利。

企业将自产产品作为非货币性福利发放给职工时，应视同销售处理，按照该产品的公允价值和相关税费进行计量，在自有产品发出时确认销售收入，同时结转产品成本，有关账务处理如下。

计提非货币性福利时：

借：生产成本（车间工人的福利）

　制造费用（车间管理人员的福利）

　管理费用（厂部管理人员的福利）

　销售费用（专设销售机构人员的福利）

在建工程（工程建设人员的福利）

研发支出（研发部门人员的福利）

贷：应付职工薪酬——非货币性福利

实际发放时：

借：应付职工薪酬——非货币性福利

贷：主营业务收入

应交税费——应交增值税（销项税额）

同时结转成本：

借：主营业务成本

贷：库存商品

企业将外购商品作为非货币性福利发放给职工时，不作视同销售处理，应当按照该商品的公允价值和相关税费进行计量，计入当期损益或相关资产成本。有关账务处理如下。

外购时：

借：库存商品等

应交税费——应交增值税（进项税额）

贷：银行存款

计提非货币性福利时：

借：生产成本（车间工人的福利）

制造费用（车间管理人员的福利）

管理费用（厂部管理人员的福利）

销售费用（专设销售机构人员的福利）

在建工程（工程建设人员的福利）

研发支出（研发部门人员的福利）

贷：应付职工薪酬——非货币性福利

实际发放时：

借：应付职工薪酬——非货币性福利

贷：库存商品等

应交税费——应交增值税（进项税转出）

【例1-12】通达公司2020年1月20日决定以自产的一批电饭煲作为节日福利发放给职工。该批电饭煲单位成本为300元，单位计税价格（公允价值）为500元，适用的增值税税率为13%。通达公司共有职工200人，其中一线生产工人130人、车间管理人员10人、销售人员20人、研发人员15人、其余25人为行政管理人员。

计算各类职工的非货币性福利：

该批电饭煲的公允价值与相关税费 $=500\times200\times(1+13\%)=113\ 000$（元）

一线生产工人的非货币性福利 = 500 × 130 × （1 + 13%） = 73 450（元）

车间管理人员的非货币性福利 = 500 × 10 × （1 + 13%） = 5 650（元）

销售人员的非货币性福利 = 500 × 20 × （1 + 13%） = 11 300（元）

研发人员的非货币性福利 = 500 × 15 × （1 + 13%） = 8 475（元）

行政管理人员的非货币性福利 = 500 × 25 × （1 + 13%） = 14 125（元）

计提非货币性福利的账务处理如下：

借：生产成本　73 450
　　制造费用　5 650
　　销售费用　11 300
　　研发支出　8 475
　　管理费用　14 125
　贷：应付职工薪酬——非货币性福利　113 000

（2）将拥有或租赁的固定资产无偿提供给职工使用。

首先要确认计提职工无偿使用固定资产的非货币性福利，有关账务处理如下：

借：生产成本（车间工人的福利）
　　制造费用（车间管理人员的福利）
　　管理费用（厂部管理人员的福利）
　　销售费用（专设销售机构人员的福利）
　　在建工程（工程建设人员的福利）
　　研发支出（研发部门人员的福利）
　贷：应付职工薪酬——非货币性福利

如果无偿提供给职工使用的固定资产是企业自有的，则企业应当按照每期计提的固定资产折旧来计量职工薪酬，并根据职工服务的受益对象计入当期损益或相关成本，有关账务处理如下：

借：应付职工薪酬——非货币性福利
　贷：累计折旧

如果无偿提供给职工使用的固定资产是企业租赁的，则企业应当按照每期支付的固定资产租金来计量职工薪酬，并根据职工服务的受益对象计入当期损益或相关成本，有关账务处理如下：

借：应付职工薪酬——非货币性福利
　贷：银行存款

【例1-13】 通达公司2020年3月15日决定为20位部门经理每人提供一辆轿车供其免费使用，假定每辆轿车月折旧额3 000元；同时为副总裁以上高级管理人员5人每人租赁一套住房，每套住房月租金6 000元。

（1）确认计提无偿使用固定资产的非货币性福利时：

借：管理费用（3 000×20+6 000×5）　　90 000
　贷：应付职工薪酬——非货币性福利　　90 000

（2）结转轿车的折旧：

借：应付职工薪酬——非货币性福利（3 000×20）　　60 000
　贷：累计折旧　　60 000

（3）支付住房的租金：

借：应付职工薪酬——非货币性福利（6 000×5）　　30 000
　贷：银行存款　　30 000

课堂讨论

非货币性职工薪酬的会计核算包括哪些情形？每一情形下的账务处理如何进行？

实践操作

通达公司从2021年1月1日起向公司销售部门经理提供一辆轿车作为非货币性福利。该辆轿车的成本为300 000元，预计净残值为3 000元，预计使用寿命为10年，采用直线法计提折旧。假定通达公司按年计提折旧。

要求：对上述业务作出相关账务处理并填制记账凭证。

3. 带薪缺勤的账务处理

带薪缺勤是指企业在职职工因病假、休假等造成的缺勤期间支付的薪酬。带薪缺勤可以分为累积带薪缺勤和非累积带薪缺勤两种形式。

（1）累积带薪缺勤。

累积带薪缺勤是指带薪缺勤权利可以结转下期使用的带薪缺勤。有关账务处理如下：

借：管理费用等
　贷：应付职工薪酬——累积带薪缺勤

【例1－14】 通达公司2020年开始实行累积带薪缺勤制度。李明为该公司的行政管理人员，每个工作日工资为300元。按照规定，李明每年有5天带薪休假，未使用的年休假可以无限期向后结转，而且可以在离开公司时予以现金结算。2020年李明实际休假2天。

李明未使用的累积带薪缺勤＝（5－2）×300＝900（元）

2020年年底，通达公司确认李明累积带薪缺勤时的账务处理为：

借：管理费用　　900
　贷：应付职工薪酬——累积带薪缺勤　　900

（2）非累积带薪缺勤。

非累积带薪缺勤是指带薪缺勤权利不可以向后结转的带薪缺勤。本期尚未用完的带薪缺勤权利予以取消，并且职工离开企业时也无法获得现金支付。我国企业职工休婚假、产假、丧假、探亲假、病假期间的工资通常属于非累积带薪缺勤。由于与非累积带薪缺勤相关的职工薪酬已经包含在企业每期向职工发放的工资等薪酬中，因此，不必额外作相应的账务处理。

课堂讨论

累积带薪缺勤与非累积带薪缺勤有何异同？

学习情境六　应交税费

一、应交税费的核算内容

企业按照税法规定应缴纳的各种税费包括增值税、消费税、城市维护建设税、资源税、企业所得税、土地增值税、房产税、车船税、城镇土地使用税、教育费附加、矿产资源补偿费、印花税、耕地占用税等。其中，增值税和消费税是企业缴纳的两个主要税种。

二、应交税费的会计核算

（一）账户设置

企业应设置“应交税费”账户，用于核算各种税费的应交、缴纳等情况。该账户属于负债类账户，借方登记实际缴纳的各种税费。贷方登记应缴纳的各种税费。期末余额一般在贷方，反映企业尚未缴纳的税费；期末余额如在借方，反映企业多交或尚未抵扣的税费。该账户按应交的税费种类进行明细核算。

企业代扣代缴的个人所得税等也通过“应交税费”账户核算，而企业缴纳的印花税、耕地占用税等不需要预计应交数的税金，不通过“应交税费”账户核算。

（二）应交增值税的账务处理

增值税是我国目前的第一大税种，是对在境内销售货物、无形资产或者不动产，提供服务，以及进口货物的单位和个人的增值额征收的一种流转税。

根据经营规模和会计核算的健全程度，增值税纳税人分为一般纳税人和小规模纳税人。计算增值税的方法分为一般计税方法和简易计税方法。增值税一般纳税人计算增值税大多采用一般计税方法，若销售无形资产或不动产、提供服务符合相关规定的，可以采用简易计税方法；小规模纳税人一般采用简易计税方法。

1. 一般纳税人的账务处理

一般纳税人采用的一般计税方法又称扣税法，计算公式如下：

当期应纳税额=当期销项税额-当期进项税额

其中，销项税额=不含增值税的销售额×增值税税率。

增值税实行比例税率，一般纳税人适用的税率分为基本税率、低税率和零税率，具体规定如下：

①销售或者进口（除②中列举的以外）的货物，提供应税劳务，税率为13%；

②销售或者进口保证基本生活必需品，包括粮食等农产品、食用植物油、食用盐、自来水、暖气、冷气、热水、煤气、石油液化气、天然气、二甲醚、沼气、居民用煤炭制品、图书、报纸、杂志、音像制品、电子出版物、饲料、化肥、农药、农机、农膜等，税率为9%；

③提供交通运输、邮政、基础电信、建筑、不动产租赁服务、销售不动产、转让土地使用权，税率为9%；

④提供增值电信、金融、研发和技术、文化创意、物流辅助、鉴证咨询，以及文化体育、旅游、餐饮、居民日常生活等方面服务，税率为6%；

⑤符合规定的出口货物、境内单位或个人发生的跨境应税行为、输往保税区和保税工厂的货物，税率为零。

（1）当期销项税额的账务处理。

一般纳税人在发生应税行为时，应向购货方开出增值税专用发票，并计算销项税额，作出如下账务处理：

借：银行存款/应收账款/营业外支出等

　贷：主营业务收入/其他业务收入/库存商品等

　　应交税费——应交增值税（销项税额）

【例1-15】通达公司2020年3月16日销售一批A商品给南方公司，增值税专用发票开出的价款为60 000元，增值税税率为13%。该批A商品的成本为45 000元。A商品已发出，款项已通过银行收取。

通达公司计算的销项税额=60 000×13%=7 800（元）

确定销售收入时：

借：银行存款　67 800

　贷：主营业务收入　60 000

　　应交税费——应交增值税（销项税额）　7 800

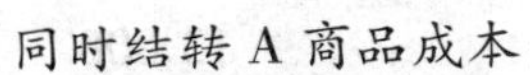

应交增值税的账务处理

同时结转A商品成本：

借：主营业务成本　45 000

　贷：库存商品——A商品　45 000

有时，企业某些行为虽然没有取得销售收入，但也将其视同应税行为，应当缴纳增值税。例如，无偿捐赠货物、无偿转让无形资产或不动产，但用于公益事业或以社会公众为对象的除外。

【例1－16】通达公司2020年3月17日将自产的B产品一批无偿捐赠给利华公司。该批产品的成本为20 000元，市场计税价格为30 000元，适用的增值税税率为13%。

该业务属于视同销售业务，通达公司应计算增值税的销项税额。

销项税额＝30 000×13%＝3 900（元）

借：营业外支出　　23 900

　贷：库存商品　　20 000

　　　应交税费——应交增值税（销项税额）　　3 900

课堂讨论

一般纳税人如何计算当期销项税额并进行账务处理？

（2）当期进项税额的账务处理。

根据我国增值税相关规定，准许从当期销项税额中抵扣的进项税额情形，主要包括以下几类：

①从销售方取得的增值税专用发票上注明的增值税额；

②从海关取得的进口增值税专用缴款书上注明的增值税额；

③购进农产品，原适用10%扣除率的，现扣除率调整为9%；若用于生产或委托加工13%税率货物的农产品，按照10%的扣除率计算的进项税额；

④从境外单位或者个人购进服务、无形资产或者不动产，自税务机关或者扣缴义务人取得的解缴税款的完税凭证上注明的增值税额。

对于上述可以抵扣的增值税进项税额，有关账务处理如下：

借：原材料/在途物资/材料采购/管理费用等

　　应交税费——应交增值税（进项税额）

　贷：银行存款/应付账款等

【例1－17】通达公司2020年3月18日从南方公司购买甲材料一批，取得增值税专用发票上注明的价款为100 000元，增值税为13 000元。货款尚未支付，材料已验收入库。假设采用实际成本法对甲材料进行计量，则通达公司该如何进行账务处理？

通达公司可以抵扣的增值税进项税额为13 000元，有关账务处理如下：

借：原材料——甲材料　　100 000

　　应交税费——应交增值税（进项税额）　　13 000

　贷：应付账款——南方公司　　113 000

【例1－18】通达公司2020年3月16日委托外单位维修机器设备，收到增值税专用发票注明的维修费用为8 000元，增值税为1 040元。通达公司以银行存款支付了相关款项。

对于接受的修理劳务，通达公司应作出如下账务处理：

借：制造费用——维修费用 8 000

应交税费——应交增值税（进项税额） 1 040

贷：银行存款 9 040

在某些情况下，企业发生的进项税额不得从销项税额中抵扣：

①采用简易计税方法计税项目、免征增值税项目、集体福利或个人消费的购进货物、加工修理修配劳务、服务、无形资产和不动产；

②非正常损失的购进货物，以及相关的加工修理修配劳务和交通运输服务；

③非正常损失的在产品、产成品所耗用的购进货物（不包括固定资产）、加工修理修配劳务和交通运输服务；

④非正常损失的不动产，以及该不动产所耗用的购进货物、设计服务和建筑服务；

⑤非正常损失的不动产在建工程所耗用的购进货物、设计服务和建筑服务；

⑥购进的旅客运输服务、贷款服务、餐饮服务、居民日常生活服务和娱乐服务。

对于上述情形中不可以抵扣的增值税进项税额，有关账务处理如下：

借：在建工程/待处理财产损溢等

贷：原材料/库存商品等

应交税费——应交增值税（进项税转出）

【例 1－19】 通达公司 2020 年 3 月 19 日建造厂房领用生产所用的乙材料 47 000 元，原材料购入时支付的增值税为 7 990 元。

借：在建工程——厂房 54 990

贷：原材料——乙材料 47 000

应交税费——应交增值税（进项税转出） 7 990

【例 1－20】 通达公司 2020 年 3 月 18 日库存丙材料因意外火灾毁损一批，其实际成本为 4 000 元，经确认受损外购丙材料的增值税税额为 680 元。

发生材料损失时：

借：待处理财产损溢——待处理流动资产损溢 4 680

贷：原材料——丙材料 4 000

应交税费——应交增值税（进项税转出） 680

经批准处理后：

借：营业外支出 4 680

贷：待处理财产损溢——待处理流动资产损溢 4 680

课堂讨论

一般纳税人哪些情况下的进项税额可以抵扣？哪些情况下的进项税额不予抵扣？

（3）缴纳增值税和期末结转的账务处理。

①企业向税务部门实际缴纳当期的增值税税额时：

借：应交税费——应交增值税（已交税金）

　贷：银行存款

②企业向税务部门缴纳前期的增值税税额时：

借：应交税费——未交增值税

　贷：银行存款

③期末，企业应当将当期应交或多交的增值税进行结转，具体情况如下。

对于当期应交未交的增值税：

借：应交税费——应交增值税（转出未交增值税）

　贷：应交税费——未交增值税

对于当期多交的增值税：

借：应交税费——未交增值税

　贷：应交税费——应交增值税（转出未交增值税）

期末，若“应交税费——未交增值税”账户的余额在贷方，表示企业当期应交未交的增值税；若“应交税费——未交增值税”账户的余额在借方，表示企业当期多交的增值税。

【例1-21】 通达公司2020年4月1日“应交税费——未交增值税”账户的贷方余额为18 000元。本月发生如下经济业务：

（1）4月7日，缴纳上个月的增值税。

（2）4月8日，从利华公司购买一批A商品1 000件，增值税专用发票上注明的价款为30 000元，增值税为3 900元。该批商品已验收入库，价税款已通过银行转账支付。

（3）4月9日，将A商品300件作为福利发放给职工。

（4）4月11日，销售B产品一批，不含税价款为60 000元，增值税为7 800元。该批产品成本为50 000元。产品已发出，价税款尚未收到。

（5）4月13日，将本月购进的A商品500件无偿赠送给一家关联公司。该商品现售价为每件50元，增值税税率为13%。

（6）4月19日，委托南方公司加工C商品一批，支付的加工费（不含税）为2 000元，增值税税率为13%。款项已通过银行转账结清。

对于上述业务，通达公司的账务处理如下。

（1）4月7日，缴纳上个月的增值税：

借：应交税费——未交增值税　　18 000

　贷：银行存款　　18 000

（2）4月8日，购买A商品1 000件：

借：库存商品——A商品　　30 000

应交税费——应交增值税（进项税额）　　3 900

贷：银行存款　　33 900

（3）4 月 9 日，将 A 商品作为福利发放给职工：

借：应付职工薪酬——非货币性福利　　10 170

贷：库存商品——A 商品（300 × 30 000 ÷ 1 000）　　9 000

应交税费——应交增值税（进项税转出）（9 000 × 13%）　　1 170

（4）4 月 11 日，销售 B 产品：

借：应收账款　　67 800

贷：主营业务收入　　60 000

应交税费——应交增值税（销项税额）（60 000 × 13%）　　7 800

同时结转产品成本：

借：主营业务成本　　50 000

贷：库存商品——B 产品　　50 000

（5）4 月 13 日，将 A 商品无偿赠送：

借：营业外支出　　28 250

贷：库存商品（500 × 50）　　25 000

应交税费——应交增值税（销项税额）（25 000 × 13%）　　3 250

（6）4 月 19 日，委托加工 C 商品：

借：委托加工物资——南方公司　　2 000

应交税费——应交增值税（进项税额）（2 000 × 13%）　　260

贷：银行存款　　2 260

（7）4 月 30 日，计算本月应交增值税的金额：

本月销项税额 = 7 800 + 3 250 = 11 050（元）

本月允许抵扣的进项税额 = 3 900 − 1 170 + 260 = 2 990（元）

本月应交增值税税额 = 11 050 − 2 990 = 8 060（元）

有关账务处理如下：

借：应交税费——应交增值税（转出未交增值税）　　8 060

贷：应交税费——未交增值税　　8 060

课堂讨论

一般纳税人对于多交和未交的增值税是如何处理的？

实践操作

通达公司 2021 年 5 月 1 日“应交税费——未交增值税”账户的借方余额为 5 000 元。本月发生如下经济业务。

（1）5 月 6 日，销售甲材料一批，开具增值税专用发票注明的价款为 20 000 元，增值税税率 13%。材料已发出，款项已全部收回。甲材料成本为 16 000 元。

（2）5 月 8 日，出租包装箱 100 个，单位成本为 30 元，押金一共 4 000 元，每个包装物租金为 50 元。

（3）5 月 9 日，购进机器设备一台，取得增值税专用发票注明的价款为 30 000 元，增值税税率 13%，运费 600 元（假定不计税）。该机器设备当月投入使用。

（4）5 月 11 日，委托利华公司加工乙材料，发出原材料成本 15 000 元，支付加工费（不含税）2 000 元，增值税税率为 13%。款项已通过银行转账结清。

（5）当月因管理不善，发生意外事故损失库存材料 30 000 元，经批准，计入营业外支出。

要求：计算通达公司本月应缴纳的增值税税额，做出相应的账务处理，并正确填制记账凭证。

2. 小规模纳税人的账务处理

小规模纳税人是指应纳增值税销售额在规定标准以下且会计核算不健全的纳税人。其增值税核算的主要特点如下。

（1）小规模纳税人购买货物或接受劳务时，无论是否取得增值税专用发票，其支付的增值税税额一律不予抵扣，直接计入有关货物或劳务的成本。

（2）小规模纳税人销售货物或提供劳务时，若开具普通发票，其销售额包含增值税。

（3）小规模纳税人应纳增值税税额采用简易计税方法计算，其征收率一般为 3%。有关计算公式如下：

$$应纳增值税税额 = 不含税销售额 \times 3\%$$

其中，不含税销售额 = 含税销售额 ÷（1 + 3%）。

【例 1－22】 明月电缆厂为小规模纳税人，适用的增值税税率为 3%。2020 年 4 月 19 日购买一批甲材料，取得增值税专用发票上注明的价款为 50 000 元，增值税为 6 500 元，运杂费为 1 000 元（假定不计税）。甲材料已于当日验收入库，款项均已通过银行转账支付。4 月 23 日销售 A 产品一批，开出的普通发票上注明的价款为 20 600 元（含税）。贷款尚未收到。该批产品的成本为 16 000 元。

（1）2020 年 4 月 19 日购买甲材料。

根据上述业务，甲材料成本 = 50 000 + 6 500 + 1 000 = 57 500（元）

有关账务处理如下：

借：原材料——甲材料　　57 500

　贷：银行存款　　57 500

（2）2020 年 4 月 23 日销售 A 产品。

应交增值税额 = 20 600 ÷（1 + 3%）× 3% = 600（元）

有关账务处理如下：

借：应收账款　　20 600

　贷：主营业务收入　　20 000

　　　应交税费——应交增值税　　600

同时结转产品成本：

借：主营业务成本　　16 000

　贷：库存商品——A 产品　　16 000

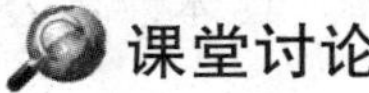

课堂讨论

小规模纳税人增值税核算具有哪些特点？其购销环节的账务处理如何进行？

实践操作

中原机械厂为小规模纳税人，适用的增值税税率为3%。2021 年 5 月 9 日销售 A 商品一批，价款为 51 500 元（含税），开具普通发票，货款已存入银行。该批 A 商品成本为 35 000 元。5 月 16 日购买甲材料一批，取得增值税专用发票上注明的价款为 30 000 元，增值税为 3 900 元。该材料已验收入库，款项已转账支付。月底用银行存款缴纳本月增值税。

要求：对上述业务进行账务处理并正确填制记账凭证。

（三）应交消费税的账务处理

消费税是世界各国普遍开征的一种流转税，是以特定消费品的流转额为计税依据而征收的一种商品税。在我国，消费税是为了正确引导消费方向，对在我国境内生产、委托加工和进口应税消费品的单位和个人，就其销售额或销售数量在特定环节征收的一种税。

1. 消费税的征收范围

目前，我国实行的是选择性的特种消费税，征收消费税的商品主要包括如下四大类。

一是过度消费会对人类健康、社会秩序和生态环境造成危害的特殊消费品，包括烟酒及酒精、鞭炮与烟火、木质一次性筷子、实木地板、电池、涂料等。

二是奢侈品、非生活必需品，包括贵重首饰及珠宝玉石、化妆品、高尔夫球及球具、高档手表、游艇等。

三是高能耗消费品，包括小汽车、摩托车等。

四是不可再生和替代的、稀缺资源的消费品，包括汽油、柴油等各种成品油。

2. 消费税的计算方法

消费税的计算方法有三种：从价定率计征法、从量定额计征法、复合计征法。

（1）从价定率计征法，即以不含增值税的销售额为基数，乘以适用的比例税率来计算应交消费税的金额。具体计算公式如下：

应交消费税税额 = 销售额 × 适用的比例税率

（2）从量定额计征法，即以销售数量为基数，乘以适用的定额税率来计算应交消费税的金额。具体计算公式如下：

应交消费税税额 = 销售数量 × 适用的定额税率

（3）复合计征法，即实行从价定率和从量定额相结合的方法，综合考虑了比例税率和定额税率。复合计征法目前只适用于卷烟和白酒应交消费税的计算。具体计算公式如下：

应交消费税税额 = 销售额 × 适用的比例税率 + 销售数量 × 适用的定额税率

3. 消费税的账务处理

应交消费税

（1）销售应税消费品。

企业销售应税消费品时，对于应交的消费税，应做出如下账务处理：

借：税金及附加

　贷：应交税费——应交消费税

【例1-23】通达公司2020年6月6日销售所生产的应税消费品一批，开具的增值税专用发票上注明的价款为90 000元，增值税税率为13%，消费税税率为10%。该批消费品成本为80 000元，产品已发出，款项已存入银行。

计算涉及的增值税税额和消费税税额：

应交增值税销项税额 = 90 000 × 13% = 11 700（元）

应交消费税税额 = 90 000 × 10% = 9 000（元）

2020年6月6日公司所作的相关账务处理如下：

借：银行存款	101 700	
贷：主营业务收入		90 000
应交税费——应交增值税（销项税额）		11 700
借：税金及附加	9 000	
贷：应交税费——应交消费税		9 000

同时结转成本：

借：主营业务成本	80 000	
贷：库存商品		80 000

（2）自产自用应税消费品。

企业将自产的应税消费品用于在建工程或发放职工福利时，对按规定应缴纳的消费税做出如下账务处理：

借：在建工程/应付职工薪酬等

　贷：应交税费——应交消费税

【例 1－24】通达公司 2020 年 6 月 9 日将自产的一批应税消费品用于发放职工福利。该批消费品成本为 20 000 元，不含税售价为 30 000 元，适用的增值税税率为 13%，消费税税率为 5%。

计算涉及的增值税税额和消费税税额：

应交增值税销项税额＝30 000×13%＝3 900（元）

应交消费税税额＝30 000×5%＝1 500（元）

2020 年 6 月 9 日公司所作的相关账务处理如下：

借：应付职工薪酬——非货币性福利　　35 400

　贷：主营业务收入　　30 000

　　　应交税费——应交增值税（销项税额）　　3 900

　　　　　　　——应交消费税　　1 500

同时结转成本：

借：主营业务成本　　20 000

　贷：库存商品　　20 000

（3）委托加工应税消费品。

我国税法规定，企业委托加工应税消费品时，除受托方为个人外，一般应由受托方在向委托方交货时代收代缴消费税（金银首饰加工除外）。

对于委托加工物资收回后用于连续生产的应税消费品，允许所纳税款按规定抵扣，相关账务处理如下：

借：应交税费——应交消费税

　贷：银行存款/应付账款等

对于委托加工物资收回后直接出售的应税消费品，消费税计入委托加工物资的成本，相关账务处理如下：

借：委托加工物资等

　贷：银行存款/应付账款等

【例 1－25】通达公司 2020 年 6 月 13 日委托南方公司加工一批应税消费品材料。材料成本为 30 000 元，不含税加工费 5 000 元，应交增值税为 650 元，消费税为 1 842 元，所有款项均通过银行转账支付。7 月 20 日该批应税消费品材料加工完成，通达公司全部收回并验收入库。假定该批应税消费品材料收回后的用途：（1）连续生产应税消费品；（2）直接对外销售。请分别按以上两种用途进行相关账务处理。

（1）委托加工物资用于连续生产应税消费品。

拨付材料时：

借：委托加工物资——南方公司　　30 000

　贷：原材料　　30 000

支付加工费和税金时：

借：委托加工物资——南方公司　　5 000

　应交税费——应交增值税（进项税额）　　650

　　　　——应交消费税　　1 842

　贷：银行存款　　7 492

委托加工物资收回时：

借：原材料——应税消费品材料　　35 000

　贷：委托加工物资——南方公司（30 000 +5 000）　　35 000

（2）委托加工物资直接对外销售。

拨付材料时：

借：委托加工物资——南方公司　　30 000

　贷：原材料　　30 000

支付加工费和税金时：

借：委托加工物资——南方公司　　6 842

　应交税费——应交增值税（进项税额）　　650

　贷：银行存款　　7 492

委托加工物资收回时：

借：库存商品　　36 842

　贷：委托加工物资——南方公司（30 000 +6 842）　　36 842

（4）进口应税消费品。

企业在进口环节应交的消费税，由海关代征，报关进口时纳税，其消费税直接计入应税消费品的成本。相关账务处理如下：

借：固定资产/原材料等

　贷：银行存款等

【例1－26】通达公司2020年6月15日从国外进口一批应税消费品，价值50 000元，进口环节的消费税为10 000元（假定不考虑增值税）。该批消费品已验收入库，所有款项均通过银行转账支付。

借：库存商品　（50 000 +10 000）　　60 000

　贷：银行存款　　60 000

（5）实际缴纳消费税。

企业应定期向税务部门缴纳消费税，按照规定计算应交消费税税额，对其做出如下账务处理：

借：应交税费——应交消费税

　贷：银行存款等

课堂讨论

应交消费税的核算包括哪些环节？每一环节的账务处理如何进行？

实践操作

通达公司2021年6月发生经济业务如下。

（1）6月1日，销售应税消费品A一批，开具的增值税专用发票上注明的价款为50 000元，增值税税率为13%，消费税税率为5%。该批消费品成本为35 000元，产品已发出，款项尚未收到。

（2）6月3日，将自产的应税消费品材料B用于工程建设，该批消费品材料成本为80 000元，不含税售价为100 000元，适用的增值税税率为13%，消费税税率为10%。

（3）6月8日，委托信丰公司加工一批应税消费品，收回后准备直接对外销售。拨付的材料成本为23 000元，不含税加工费7 000元，支付增值税为910元，消费税为1 579元，款项均通过银行转账支付。6月15日该批应税消费品加工完成后全部收回并验收入库。

（4）6月26日，从国外进口应税消费品，价值为90 000元，增值税为11 700元，消费税为9 000元。该批消费品已验收入库，款项均已通过银行转账支付。

要求：对通达公司上述业务进行账务处理并正确填制记账凭证。

学习情境七　其他流动负债

一、应付利息的会计核算

（一）应付利息的核算内容

应付利息是指企业按照合同约定应定期支付的利息。企业在取得银行借款或发行债券时，按照合同规定一般应于约定的付息日支付利息，而在资产负债表日确认当期利息费用时，应将当期应付未付的利息确认为一项流动负债。

（二）应付利息的账务处理

1. 资产负债表日计算确认利息费用

在资产负债表日，对于银行借款或发行的债券，企业应当采用实际利率法计算确定当期的利息费用，相关账务处理如下：

借：管理费用（筹建期间的利息费用）

　　在建工程（生产经营期间符合资本化条件的利息费用）

财务费用（生产经营期间不符合资本化条件的利息费用）

贷：应付利息（按照借款本金或债券面值与合同利率计算确定的利息）

长期借款/应付债券——利息调整（按上述差额，贷记或借记）

2. 实际支付利息

在合同约定的付息日，企业应当按照实际支付利息，作出如下账务处理：

借：应付利息

贷：银行存款等

上述具体计算方法及例题将在非流动负债部分详细介绍。

二、应付股利的会计核算

（一）应付股利的核算内容

应付股利是指企业根据股东大会或类似机构审议批准的利润分配方案确定应分配而尚未发放给投资者的现金股利或利润，在企业对外宣告但尚未支付前构成企业的一项负债。

注意：企业对外宣告的股票股利不属于一项现时义务，因而不能确认为负债。企业董事会或类似机构作出的利润分配预案，尚未构成企业的现时义务，不能作为确认负债的依据，只能在会计报表附注中予以披露。

（二）应付股利的账务处理

（1）企业股东大会或类似机构审议批准利润分配方案时：

借：利润分配——应付现金股利或利润

贷：应付股利

（2）实际支付现金股利或利润时：

借：应付股利

贷：银行存款等

三、其他应付款的会计核算

（一）其他应付款的核算内容

其他应付款是指应付票据、应付账款、预收账款、应付职工薪酬、应付利息、应付股利、应交税费、长期应付款等以外的其他经营活动产生的各项应付、暂收的款项，其核算内容如下：

（1）企业应付租入包装物的租金；

（2）企业发生的存入保证金；

（3）企业代职工缴纳的社会保险费和住房公积金等。

（二）其他应付款的账务处理

（1）企业发生其他各项应付、暂收款项时：

借：管理费用/银行存款等

　贷：其他应付款

（2）实际支付其他各种应付、暂收款项时：

借：其他应付款

　贷：银行存款等

课堂讨论

其他应付款的核算包括哪些内容？如何对其他应付款业务进行具体的账务处理？

任务三　非流动负债

学习情境一　长期借款

一、长期借款的核算内容

长期借款是指企业向银行或其他金融机构借入的偿还期在 1 年以上（不含 1 年）的各种借款。其主要特点如下。

（1）债务偿还期较长，一般借款期限在 5 年以上；

（2）债务的金额较大，可用于满足房屋建造、大型设备购买等的资金需要；

（3）债务利息通常按期支付，本金到期一次偿还或分期偿还；

（4）与发行股票相比，长期借款不会影响股东对公司的控制权；

（5）一般需要企业向银行提供一定的资产（如房屋）作为抵押。

二、长期借款的会计核算

（一）账户设置

企业应当设置“长期借款”账户，用来核算长期借款的取得、应计利息和偿还本息等情况。该账户为负债类账户，借方登记偿还的长期借款本息，贷方登记取得的长期借款本金及其应计利息，期末余额在贷方，反映尚未偿还的长期借款本息。该账户应按贷款单位和贷款种类，分别以“本金”“利息调整”等账户进行明细核算。

（二）账务处理

长期借款的核算主要包括款项的借入、借款利息的计提和支付、到期还款。

1. 款项的借入

借：银行存款（实际收到的款项）

　贷：长期借款——本金（借款本金）

　　　　　　　——利息调整（按上述差额，贷记或借记）

2. 借款利息的计提和支付

（1）在资产负债表日，企业应计提长期借款的利息：

借：在建工程/制造费用/财务费用等（按长期借款的摊余成本和实际利率计算确定的利息费用，其中，不符合资本化条件的利息计入"财务费用"）

　贷：应付利息（按借款本金和合同利率计算确定的应付未付利息）

　　　长期借款——利息调整（按上述差额，贷记或借记）

（2）实际支付长期借款利息时：

借：应付利息

　贷：银行存款

3. 到期还款

（1）若为分期付息、到期还本，则：

借：长期借款——本金

　　在建工程/制造费用/财务费用等（最后一期的利息）

　贷：银行存款

　　　长期借款——利息调整（按上述差额，贷记或借记）

（2）若为到期一次还本付息，则：

借：长期借款——本金

　　在建工程/制造费用/财务费用等（最后一期的利息）

　　应付利息（前面几期应付未付的利息）

　贷：银行存款

　　　长期借款——利息调整（按上述差额，贷记或借记）

【例1-27】2018年6月1日，通达公司为建造一条生产线，从银行借入3年期的长期专门借款600 000元，款项已存入银行。借款利率为8%，每年6月1日支付利息，期满后一次还清本金。该生产线于一年后交付使用，达到预定可使用状态。

（1）2018年6月1日，取得长期借款：

借：银行存款　　　　600 000

　贷：长期借款——本金　　　　600 000

（2）2018年12月31日，计提借款利息：

通达公司取得长期借款后利息费用可以资本化的期间为2018年6月1日至2019年6月1日。

借：在建工程（600 000 ×8% ×7 ÷12）　　28 000

　贷：应付利息　　28 000

（3）2019年6月1日，支付借款利息：

借：应付利息　　28 000

　　在建工程（600 000 ×8% ×5 ÷12）　　20 000

　贷：银行存款　　48 000

（4）2019年12月31日，计提借款利息：

借：财务费用（600 000 ×8% ×7 ÷12）　　28 000

　贷：应付利息　　28 000

（5）2020年6月1日，支付借款利息：

借：应付利息　　28 000

　　财务费用（600 000 ×8% ×5 ÷12）　　20 000

　贷：银行存款　　48 000

（6）2020年12月31日，其计提借款利息的账务处理与2019年12月31日相同。

（7）2021年6月1日，到期还本付息：

借：长期借款——本金　　600 000

　　财务费用　　20 000

　　应付利息　　28 000

　贷：银行存款　　648 000

课堂讨论

长期借款的核算包括哪些环节？每一环节的账务处理如何进行？

实践操作

通达公司2021年1月1日为建造厂房向建设银行借入2年期借款500 000元，借款利率为10%，合同规定到期一次还本付息，款项已存入银行。厂房于一年半后完工，达到预定可使用状态。

要求：对通达公司上述业务进行账务处理并正确填制记账凭证。

学习情境二　应付债券

一、企业债券的发行

企业债券是企业依照法定程序发行，约定在一定期限内还本付息的有价证券。债券发行是企业取得长期融资的主要形式。与银行借款相比，债券具有金额较大、期限较长的特点。企业债券代表着债券发行企业与投资者（债券持有人）之间的一种债权债务关系。

（一）债券的发行价格

企业债券的发行价格分为面值、溢价和折价三种，其中，面值即债券面值，指按债券的票面价值确定发行价格；溢价是指高于债券面值的发行价格；折价是指低于债券面值的发行价格。溢价或折价实际上是债券发行企业在债券存续期间对利息费用的调整。

债券的发行价格由债券发行期间现金流量的现值来确定，包括债券面值（本金）的现金流量现值和债券利息的现金流量现值两个部分，其计算公式如下：

债券的发行价格 = 债券面值按市场利率的复利现值 + 每期债券利息按市场利率的年金现值
= 债券面值 × 复利现值系数 + 每期债券利息 × 年金现值系数
= 债券面值 ×（P/F，K，n）+ 债券面值 × 票面利率 i ×（P/A，K，n）

其中，（P/F，K，n）——复利现值系数，（P/A，K，n）——年金现值系数，i——债券票面利率，K——市场利率，n——期数。

债券发行价格的计算

（二）债券的发行方式

债券存在两个利率：一个是票面利率，也称名义利率、合同利率，即债券契约中标明的利率；另一个是债券发行时的市场利率，也称实际利率，即现金流量折现所使用的利率。

由于债券的票面利率可能等于、高于或低于市场利率，相应的债券发行价格也可能等于、高于或低于其面值。

（1）当票面利率等于市场利率时，债券发行价格等于债券面值，即债券面值（平价）发行。

（2）当票面利率高于市场利率时，债券发行价格高于债券面值，即债券溢价发行，这时的溢价对于发行企业来讲就是弥补将来多付利息的损失。

（3）当票面利率低于市场利率时，债券发行价格低于债券面值，即债券折价发行。这时的折价对于发行企业来讲就是提前支付将来少付的利息。

【例 1－28】 通达公司 2020 年 1 月 1 日发行面值为 100 万元、票面利率为 8% 的 5 年期公司债券，用于公司的生产经营活动，每年 1 月 1 日计息一次，到期一次还本付息。若发行时的市场利率为 6%、8%、10%，分别计算债券的发行价格。

（1）当市场利率为 6% 时，即票面利率高于市场利率，所以此时为债券溢价发行。

债券发行价格 = 100 ×（P/F，6%，5）+ 100 × 8% ×（P/A，6%，5）
= 100 × 0.74726 + 8 × 4.21236 ≈ 108.42（万元）

（2）当市场利率为8%时：即票面利率等于市场利率，所以此时为债券面值发行。

债券发行价格 $= 100 \times (P/F, 8\%, 5) + 100 \times 8\% \times (P/A, 8\%, 5)$

$= 100 \times 0.68058 + 8 \times 3.99271 \approx 100$（万元）

（3）当市场利率为10%时，即票面利率低于市场利率，所以此时为债券折价发行。

债券发行价格 $= 100 \times (P/F, 10\%, 5) + 100 \times 8\% \times (P/A, 10\%, 5)$

$= 100 \times 0.62092 + 8 \times 3.79079 \approx 92.42$（万元）

课堂讨论

什么是票面利率和市场利率？如何判断债券的发行方式？

二、应付债券的会计核算

应付债券是用来核算企业发行的超过1年以上的债券，属于企业的一项长期负债。

（一）账户设置

为了总括地反映债券发行、计息、利息调整及偿还情况，企业应当设置“应付债券”“应付利息”等账户。其中，“应付债券”账户属于负债类账户，用于核算企业为筹集长期资金而发行债券的本金和利息。借方登记应付债券本金和利息的偿还，贷方登记应付债券本金的取得和利息的增加，期末余额在贷方，反映尚未清偿的债券本息。该账户应按债券种类、分别按“面值”“利息调整”“应计利息”等进行明细核算。

“应付债券——面值”明细账户借方登记按面值归还的债券本金，贷方登记债券发行的面值（本金），期末余额在贷方，反映尚未归还的债券面值（本金）。

“应付债券——利息调整”明细账户借方登记债券的折价或摊销的溢价金额，贷方登记债券的溢价或摊销的折价金额，期末余额在贷方，反映尚未摊销的折价，期末余额在借方，反映尚未摊销的溢价。

“应付债券——应计利息”明细账户借方登记债券到期实际支付的利息，贷方登记资产负债表日一次还本付息时债券应付未付的利息，期末余额在贷方，反映已计提但尚未支付的利息。

（二）账务处理

无论企业采取哪种发行方式，应付债券的账务处理主要包括发行债券收到发行款、利息费用的计提与支付、债券的清偿。

1. 债券按面值（平价）发行

（1）发行债券，收到发行款：

借：银行存款

　贷：应付债券——面值

（2）每期计算利息费用并进行会计处理：

借：在建工程/制造费用等（符合资本化条件的按应付债券摊余成本和实际利率计算确定的利息费用）

财务费用（不符合资本化条件的按应付债券摊余成本和实际利率计算确定的利息费用）

贷：应付利息/应付债券——应计利息（按债券面值和票面利率计算确定的利息）

（3）债券的清偿：

借：应付债券——面值

应付利息（分期付息、到期还本）/应付债券——应计利息（到期一次还本付息）

贷：银行存款

【例1－29】通达公司2016年1月1日发行面值为100万元、票面利率为8%的5年期公司债券，用于公司的生产经营活动，每年1月1日计息一次，到期一次还本付息。若发行时的市场利率为8%，则公司账务处理如下：

（1）发行债券，收到发行款：

借：银行存款　1 000 000

贷：应付债券——面值　1 000 000

（2）每期计算利息费用并进行会计处理：

借：财务费用（1 000 000×8%）　80 000

贷：应付债券——应计利息　80 000

（3）债券的清偿：

借：应付债券——面值　1 000 000

——应计利息　400 000

贷：银行存款　1 400 000

2. 债券溢价发行

（1）发行债券，收到发行款：

借：银行存款

贷：应付债券——面值

——利息调整

（2）每期计算利息费用并进行会计处理：

借：在建工程

财务费用

应付债券——利息调整

贷：应付利息/应付债券——应计利息

（3）债券清偿：

借：应付债券——面值

应付利息/应付债券——应计利息

贷：银行存款

【例1－30】通达公司2016年1月1日发行面值为100万元、票面利率为8%的5年期公司债券，用于公司的生产经营活动，每年1月1日计息一次，到期一次还本付息。若发行时的市场利率为6%。

(1) 2016年1月1日，发行债券，收到发行款。

由于票面利率高于市场利率，因此债券应按溢价发行。

该批债券发行价格＝1 000 000×（*P/F*，6%，5）＋1 000 000×8%×（*P/A*，6%，5）

＝1 000 000×0.74726＋80 000×4.21236≈1 084 249（元）

借：银行存款　　1 084 249

　贷：应付债券——面值　　1 000 000

　　　　　　——利息调整　　84 249

(2) 每期计算利息费用并进行会计处理。

在债券存续期间，通达公司应采用实际利率法计算确定每期的利息费用（见表1－2）。

表1－2　　利息费用计算　　单位：元

日期	支付利息	利息费用	摊销溢价	债券摊余成本
	①＝面值×8%	②＝上期④×6%	③＝①－②	④＝上期④－③
2016年1月1日				1 084 249
2017年1月1日	80 000	65 054.94	14 945.06	1 069 303.94
2018年1月1日	80 000	64 158.24	15 841.76	1 053 462.18
2019年1月1日	80 000	63 207.73	16 792.27	1 036 669.91
2020年1月1日	80 000	62 200.19	17 799.81	1 018 870.10
2021年1月1日	80 000	61 129.90	18 870.10①	1 000 000
合计	400 000	315 751.01	84 249	—

① 2017年1月1日，计提利息费用。

借：财务费用　　65 054.94

　　应付债券——利息调整　　14 945.06

　贷：应付债券——应计利息　　80 000

实际利率法下利息费用的计算

① 最后一次摊销溢价（利息调整）采用倒计法，摊销溢价＝1018870.08－1000000＝18870.08（元），所以利息费用＝80000－18870.10＝61129.90（元）。

② 2018 年 1 月 1 日，计提利息费用。

借：财务费用　64 158. 24

　　应付债券——利息调整　15 841. 76

　贷：应付债券——应计利息　80 000

③ 2019 年 1 月 1 日，计提利息费用。

借：财务费用　63 207. 73

　　应付债券——利息调整　16 792. 27

　贷：应付债券——应计利息　80 000

④ 2020 年 1 月 1 日，计提利息费用。

借：财务费用　62 200. 19

　　应付债券——利息调整　17 799. 81

　贷：应付债券——应计利息　80 000

⑤ 2021 年 1 月 1 日，计提利息费用。

借：财务费用　61 129. 90

　　应付债券——利息调整　18 870. 10

　贷：应付债券——应计利息　80 000

（3）2021 年 1 月 1 日，归还债券本金和全部利息。

借：应付债券——面值　1 000 000

　　应付债券——应计利息　400 000

　贷：银行存款　1 400 000

3. 债券折价发行

（1）发行债券，收到发行款：

借：银行存款

　　应付债券——利息调整

　贷：应付债券——面值

（2）每期计算利息费用并进行会计处理：

借：在建工程

　　财务费用

　贷：应付利息/应付债券——应计利息

　　　应付债券——利息调整

（3）债券清偿：

借：应付债券——面值

　　应付利息/应付债券——应计利息

　贷：银行存款

【例 1 –31】 通达公司 2016 年 1 月 1 日发行面值为 100 万元、票面利率为 8% 的 5 年期公司债券，其资金用于公司的厂房建设，建设期为2016年1月1日至2017年12月31日。债券利息每年1月1日支付，本金到期一次偿还。若发行时的市场利率为10%。

（1）2016年1月1日，发行债券，收到发行款。

由于票面利率低于市场利率，因此债券应按折价发行。

该批债券发行价格 = 1 000 000 ×（P/F,10%,5）+ 1 000 000 × 8% ×（P/A,10%,5）

= 1 000 000 × 0.62092 + 80 000 × 3.79079 ≈ 924 183（元）

借：银行存款　　924 183

　应付债券——利息调整　　75 817

　贷：应付债券——面值　　1 000 000

（2）每期计算利息费用并进行会计处理。

在债券存续期间，通达公司应采用实际利率法计算确定每期的利息费用（见表1－3）。

表1－3　　**利息费用计算**　　单位：元

日期	支付利息	利息费用	摊销折价	债券摊余成本
	①＝面值×8%	②＝上期④×10%	③＝②－①	④＝上期④＋③
2016年1月1日				924 183
2017年1月1日	80 000	92 418.3	12 418.3	936 601.3
2018年1月1日	80 000	93 660.13	13 660.13	950 261.43
2019年1月1日	80 000	95 026.14	15 026.14	965 287.57
2020年1月1日	80 000	96 528.76	16 528.76	981 816.33
2021年1月1日	80 000	98 183.67	18 183.67①	1 000 000
合计	400 000	475 817	75 817	—

① 2017年1月1日，计提并支付利息费用。

借：在建工程　　92 418.3

　贷：银行存款　　80 000

　　应付债券——利息调整　　12 418.3

② 2018年1月1日，计提并支付利息费用。

借：在建工程　　93 660.13

　贷：银行存款　　80 000

　　应付债券——利息调整　　13 660.13

③ 2019年1月1日，计提并支付利息费用。

借：财务费用　　95 026.14

　贷：银行存款　　80 000

① 最后一次摊销折价（利息调整）采用倒计法，摊销折价＝1000000－981816.33＝18183.67（元），所以利息费用＝80000＋18183.67＝98183.67（元）。

　　应付债券——利息调整　　15 026.14

④ 2020 年 1 月 1 日，计提并支付利息费用。

借：财务费用　　96 528.76

　贷：银行存款　　80 000

　　应付债券——利息调整　　16 528.76

(3) 2021 年 1 月 1 日，归还债券本金并支付最后一期利息。

借：应付债券——面值　　1 000 000

　　财务费用　　98 183.67

　贷：银行存款　　1 080 000

　　应付债券——利息调整　　18 183.67

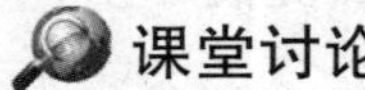

课堂讨论

应付债券的会计核算包括哪些环节？每一环节的账务处理如何进行？请分别就面值、溢价和折价这三种发行方式进行讨论。

实践操作

通达公司 2021 年 1 月 1 日发行面值为 2 000 000 元、票面利率为 8% 的 4 年期债券，其资金用于生产线安装工程。每年末支付利息，到期还本。若发行时的市场利率为 6%。

要求：对通达公司相关业务作出账务处理并正确填制记账凭证（请写出必要的计算过程，编制利息费用计算表）。

学习情境三　长期应付款

一、长期应付款的核算内容

长期应付款是指企业除长期借款和应付债券以外的其他各种长期应付款项，包括融资租入固定资产的租赁费，以分期付款方式购入固定资产、无形资产或存货等发生的长期应付款项等。

二、长期应付款的会计核算

（一）账户设置

企业应设置“长期应付款”，用于核算长期应付款的发生、利息结算及偿还情况。该账户属于负债类账户，借方登记归还长期应付款的本息金额，贷方登记采用补偿贸易方式从国外引进设备所发生的未付款项、融资租入固定资产应付的融资租赁费、长期应付款的利息支出和外币折合差额，期末余额在贷方，反映尚未归还的长期应付款项。该账户应按长期应付款的种类和债权人进行明细核算。

（二）账务处理

（1）企业购入有关资产超过正常信用条件延期支付价款、实质上具有融资性质的，应按购买价款的现值，做出如下账务处理：

借：固定资产/在建工程/无形资产/研发支出等（按购买价款的现值）

　　未确认融资费用（按差额，借记或贷记）

　贷：长期应付款（按应支付的金额）

按期支付价款时：

借：长期应付款

　贷：银行存款

（2）融资租入固定资产，在租赁期开始日，应做出如下账务处理：

借：在建工程/固定资产（按租赁准则确定的应计入的固定资产成本）

　　未确认融资费用（按差额，借记或贷记）

　贷：长期应付款（按应支付的金额）

按期支付价款时：

借：长期应付款

　贷：银行存款

【例1-32】 通达公司2020年9月19日向美国LH公司融资租入一台设备，到岸价50 000美元（若汇率为6.95），使用中国银行账户转账支付进口设备关税17 375元，增值税完税54 054元。合同约定首付10 000美元，以后每半年支付10 000美元，当时开出中国银行信汇凭证汇出首付款，设备交付安装。

（1）融资租入进口设备入关时：

借：在建工程（50 000×6.95+17 375）　　364 875

　　应交税费——应交增值税（进项税额）　　54 054

　贷：银行存款　　71 429

　　　长期应付款——应付引进设备款（$50 000）　　347 500

（2）按合同约定首付时：

借：长期应付款——应付引进设备款　　69 500

　贷：银行存款——美元（$10 000）　　69 500

以后每半年支付款项与首付的账务处理相似。

课堂讨论

长期应付款的核算内容包括哪些方面？其账务处理如何进行？

实践操作

通达公司2020年8月29日向东方公司租入一台全新的机器设备，双方约定租赁期开始日为当年的9月1日，租赁期3年，每年年末支付租金50 000元。该设备在租赁期开始日的公允价值为600 000元，合同规定的年利率为5%。该设备估计使用期限为5年，采用直线法计提折旧。租赁到期将设备退还给东方公司。

要求：对通达公司相关业务做出账务处理并正确填制记账凭证（请写出必要的计算过程）。

任务四　借款费用

学习情境一　借款费用资本化

一、借款费用的概念与确认

（一）借款费用的概念

借款费用是指企业因借入资金而付出的代价，主要包括借款利息、因借款产生的溢价或折价的摊销、辅助费用及因外币借款而发生的汇兑差额。

（1）借款利息，包括企业向银行或者其他金融机构等借入资金发生的利息，发行公司债券发生的利息，以及其他带息债务所承担的利息等。

（2）因借款产生的溢价或折价的摊销，指因发行债券等产生的溢价或折价在资产负债表日确认利息费用时的调整额。

（3）辅助费用，指企业在借款过程中发生的诸如手续费、佣金等费用。

（4）因外币借款而发生的汇兑差额，指因汇率变动对外币借款本金及其利息的记账本位币金额所产生的影响。

（二）借款费用的确认

借款费用有两种确认方法：一是将借款费用资本化计入相关资产的成本；二是将借款费用费用化计入当期损益。

借款费用确认的基本原则：企业发生的借款费用符合资本化条件的，应当予以资本化，计入相关资产成本；其他借款费用应当在发生时根据其发生额确认为费用，计入当期损益。

符合资本化条件的资产是指需要经过相当长时间（大于或等于1年）的购建或者生产活动才能达到预定可使用或者可销售状态的固定资产、投资性房地产和存货等资产。

借款费用可直接归属于资产的购建或生产，要求借款费用必须发生在资本化期间，因此，资本化期间是借款费用资本化的前提条件。

课堂讨论

如何确认借款费用？其方法和基本原则各有哪些？

二、资本化期间的确定

借款费用的资本化期间是指从借款费用开始资本化的时点到停止资本化的时点，但不包括借款费用暂停资本化的时间。

（一）借款费用开始资本化的时点

借款费用只有同时满足以下三个条件时，才应当开始资本化。

（1）资产支出已经发生。这是指企业为购建和生产符合资本化条件的资产的支出已经发生。资产支出包括支付现金、转移非现金资产或承担带息债务（如带息应付票据）所发生的支出。

（2）借款费用已经发生。这是指企业已经发生了因购建或生产符合资本化条件的资产而专门借入款项的借款费用或者所占用一般借款的借款费用，比如企业取得的银行存款已经开始计息。

（3）为使资产达到预定可使用或者可销售状态所必要的购建或者生产活动已经开始。这是指符合资本化条件的资产实体建造或者生产工作已经开始，比如设备开始安装、厂房实际开工建造等。但是这里不包括仅仅持有资产但没有发生为改变资产形态而进行的实质上的建造或生产活动，比如企业购置了建设用地，但尚未开工建造厂房，就不能开始资本化。

（二）借款费用暂停资本化的时间

符合资本化条件的资产在购建或生产期间，如果同时满足以下两个条件应当暂停借款费用的资本化。

（1）非正常中断。通常是由于企业管理决策上的原因或其他不可预见的原因所导致的中断，比如，因生产用料没有及时供应而中断，或者因资金周转发生困难而发生中断，或者因建筑质量纠纷而暂停建造等。

（2）中断时间连续超过3个月。这是从重要性的要求出发，中断时间不超过3个月的借款费用通常由于不够重要从而可以忽略不计。

（三）停止资本化的时点

当企业购建或者生产符合资本化条件的资产达到预定可使用或者可销售状态时，借款费用应当停止资本化。符合下列条件之一的，应当认为企业购建或者生产符合资本化条件的资产达到预定可使用或者可销售状态。

（1）资产的实体建造全部完成或实质完成。

（2）购建的固定资产与设计要求或合同要求基本相符。

（3）继续发生的支出很少或几乎不再发生。

在符合资本化条件的资产达到预定可使用或者可销售状态之后发生的借款费用，应当在发生时根据其发生额将其确认为费用，计入当期损益。

课堂讨论

如何确定借款费用的资本化期间？

学习情境二　借款利息资本化的会计核算

一、借款利息资本化金额的确定

借款利息是指按照实际利率计算的各期实际利息，既包括按照借款合同利率计算的票面利息，也包括因实际利率与合同利率不同而产生的溢价或折价的摊销额。

企业在确定借款利息资本化金额时，通常根据借款目的，将借款分为专门借款和一般借款。

（一）专门借款利息资本化金额的确定

专门借款是指为购建或生产符合资本化条件的资产而专门借入的款项。比如，企业为购建一条生产线而从银行取得的贷款就属于专门借款。专门借款的用途十分明确，需要在借款合同中标明。

专门借款利息资本化金额，应当以专门借款当期实际发生的利息费用，减去将尚未动用的借款资金存入银行取得的利息收入或者进行暂时性投资取得的收益后的金额确定。

（二）一般借款利息资本化金额的确定

一般借款是指除专门借款之外的借款，其用途通常并不特指某项符合资本化条件的资产的购建或生产。

企业为购建或生产符合资本化条件的资产时，如果专门借款不足而占用了一般借款的，应根据累计资产支出超过专门借款部分资产支出的加权平均数乘以所占用一般借款的资本化率，计算确定一般借款应予资本化的利息金额。

资本化率应当根据一般借款加权平均利率计算确定，即企业占用一般借款购建或生产符合资本化条件的资产时，其借款费用资本化金额的确定应当与资产支出挂钩。有关计算公式如下：

一般借款利息费用资本化金额 = 累计资产支出超过专门借款部分资产支出的加权平均数 × 所占用一般借款的资本化率

所占用一般借款的资本化率 = 所占用一般借款加权平均利率
= 所占用一般借款当期实际发生的利息之和 ÷ 所占用一般借款本金加权平均数

所占用一般借款本金加权平均数 = ∑（所占用每笔一般借款本金 × 每笔一般借款在当期所占用的天数）÷ 当期天数

（三）借款存在溢价或折价

借款存在溢价或者折价的，应当按照实际利率法确定每一会计期间应摊销的溢价或者折价金额，调整每期利息金额。

每一会计期间的利息资本化金额，不应超过当期相关借款实际发生的利息金额。

二、借款利息资本化的账务处理

对于企业专门借款和一般借款产生的借款利息，应做出如下账务处理：

借：在建工程/制造费用等（借款利息资本化金额）

　　财务费用（借款利息费用化金额）

　　应收利息（暂时性投资收益）

　贷：应付利息（实际发生的借款利息总额）

【例 1 -33】 通达公司 2020 年 1 月 1 日正式动工兴建一栋综合楼，工期预计为 1 年半。工程采用出包方式，分别于 2020 年 1 月 1 日、2020 年 7 月 1 日和 2021 年 1 月 1 日支付工程进度款 1 500 万元、5 000 万元和 2 500 万元。综合楼于 2021 年 7 月 1 日完工，达到预定可使用状态。

为建造综合楼，通达公司取得了两笔专门借款。

① 2020 年 1 月 1 日，取得专门借款 2 000 万元，借款期限为 3 年，年利率为 8%，利息按年支付。

② 2020 年 7 月 1 日，取得专门借款 3 000 万元，借款期限为 5 年，年利率为 10%，利息按年支付。

闲置的专门借款资金均用于固定收益债券短期投资，该短期投资月收益率为 0.5%，投资收益到年末为止尚未收到。

同时，通达公司为建造该综合楼还占用了一般借款。

①向中国建设银行借入长期借款 2 000 万元，期限为 2020 年 1 月 1 日至 2022 年 1 月 1 日，年利率为 8%，按年支付利息。

② 2020 年 1 月 1 日发行公司债券 1 亿元，期限为 5 年，年利率为 6%，按年支付利息。

本例中综合楼的建造期限为 1 年半，借款利息资本化期间为 2020 年 1 月 1 日至 2021 年 7 月 1 日。工程支出及资金来源如表 1－4 所示。

表 1－4 通达公司综合楼工程支出及资金来源 单位：万元

日期	资产支出	资金来源	
		专门借款	一般借款
2020 年 1 月 1 日	1 500	1 500	—
2020 年 7 月 1 日	5 000	3 500	1 500
2021 年 1 月 1 日	2 500	—	2 500
合计	9 000	5 000	4 000

（1） 专门借款利息资本化金额的计算。

专门借款 2020 年应付利息＝20 000 000×8%＋30 000 000×10%×6÷12＝3 100 000（元）

专门借款闲置资金的投资收益＝5 000 000×0.5%×6＝150 000（元）

专门借款利息资本化金额＝3 100 000－150 000＝2 950 000（元）

对于专门借款的利息，通达公司在 2020 年 12 月 31 日的账务处理如下：

借：在建工程　　2 950 000

　　应收利息　　150 000

　贷：应付利息　　3 100 000

（2） 一般借款利息资本化金额的计算。

一般借款 2020 年应付利息＝20 000 000×8%＋100 000 000×6%＝7 600 000（元）

所占用一般借款本金加权平均数＝15 000 000×6÷12＝7 500 000（元）

所占用一般借款的资本化率＝（20 000 000×8%＋100 000 000×6%）÷（20 000 000＋100 000 000）×100%≈6.33%

所占用一般借款利息资本化金额＝7 500 000×6.33%＝474 750（元）

通达公司在 2020 年 12 月 31 日的账务处理如下：

借：在建工程　　474 750

　　财务费用　　7 125 250

　贷：应付利息　　7 600 000

一般借款 2021 年 1 月 1 日至 7 月 1 日应付利息＝（20 000 000×8%＋100 000 000×6%）×6÷12＝3 800 000(元)

所占用一般借款本金加权平均数＝（15 000 000＋25 000 000）×6÷12＝20 000 000(元)

所占用一般借款的资本化率＝（20 000 000×8%＋100 000 000×6%）÷（20 000 000＋

100 000 000）×100% ≈6.33%

所占用一般借款利息资本化金额 =20 000 000×6.33% =1 266 000（元）

通达公司在2021年7月1日的账务处理如下：

借：在建工程　　1 266 000
　　财务费用　　2 534 000
　贷：应付利息　　3 800 000

课堂讨论

专门借款与一般借款在借款利息资本化金额的确定上有何区别？

实践操作

通达公司2020年7月1日动工兴建一栋办公楼，工期为1年半，工程采用出包方式，分别于2020年7月1日、2021年1月1日和3月1日支付工程进度款1 000万元、3 000万元和1 500万元。该公司为建造办公楼占用了专门借款两笔、一般借款一笔，具体如下：

（1）2020年7月1日，向银行借入专门借款1 500万元，期限3年，年利率8%，每年末支付利息；

（2）2021年1月1日，向银行借入专门借款2 000万元，期限3年，年利率6%，每年末支付利息；

（3）2021年1月1日，向银行借入一般借款5 000万元，期限5年，年利率8%，每年末支付利息。

假定该公司对于闲置的专门借款资金均用于固定收益债券短期投资，投资的月收益率为0.5%，且2020年年底尚未收到投资收益。

要求：计算通达公司相关借款费用的资本化金额并进行借款费用的账务处理。

学习情境三　其他借款费用资本化的确定

一、借款辅助费用资本化金额的确定

借款辅助费用是指企业为了取得借款而发生的必要费用，包括借款手续费、佣金等。对于企业借款发生的辅助费用，在所购建或生产符合资本化条件的资产达到预定可使用状态或可销售状态之前发生的，应当在发生时根据其发生额予以资本化；在所购建或生产符合资本化条件的资产达到预定可使用状态或可销售状态之后发生的，应当在发生时根据其发生额确认为费用，计入当期损益。上述各期辅助费用的发生额，是按照实际利率法所确定的金融负债交易费用对每期利息费用的调整额。借款实际利率与合同利率差异较小的，也可以采用合同利率计算并确定利息费用。

二、汇兑差额资本化金额的确定

企业为购建或生产符合资本化条件的资产所借入的专门借款为外币借款时，由于汇率变动会产生汇兑差额。为简化起见，在借款费用的资本化期间，外币专门借款本金及其利息的汇兑差额，应当予以资本化，计入符合资本化条件资产的成本。而一般借款的本金及其利息所产生的汇兑差额，应当直接计入当期财务费用。

课堂讨论

其他借款费用资本化金额的确定有什么特点？

本项目小结

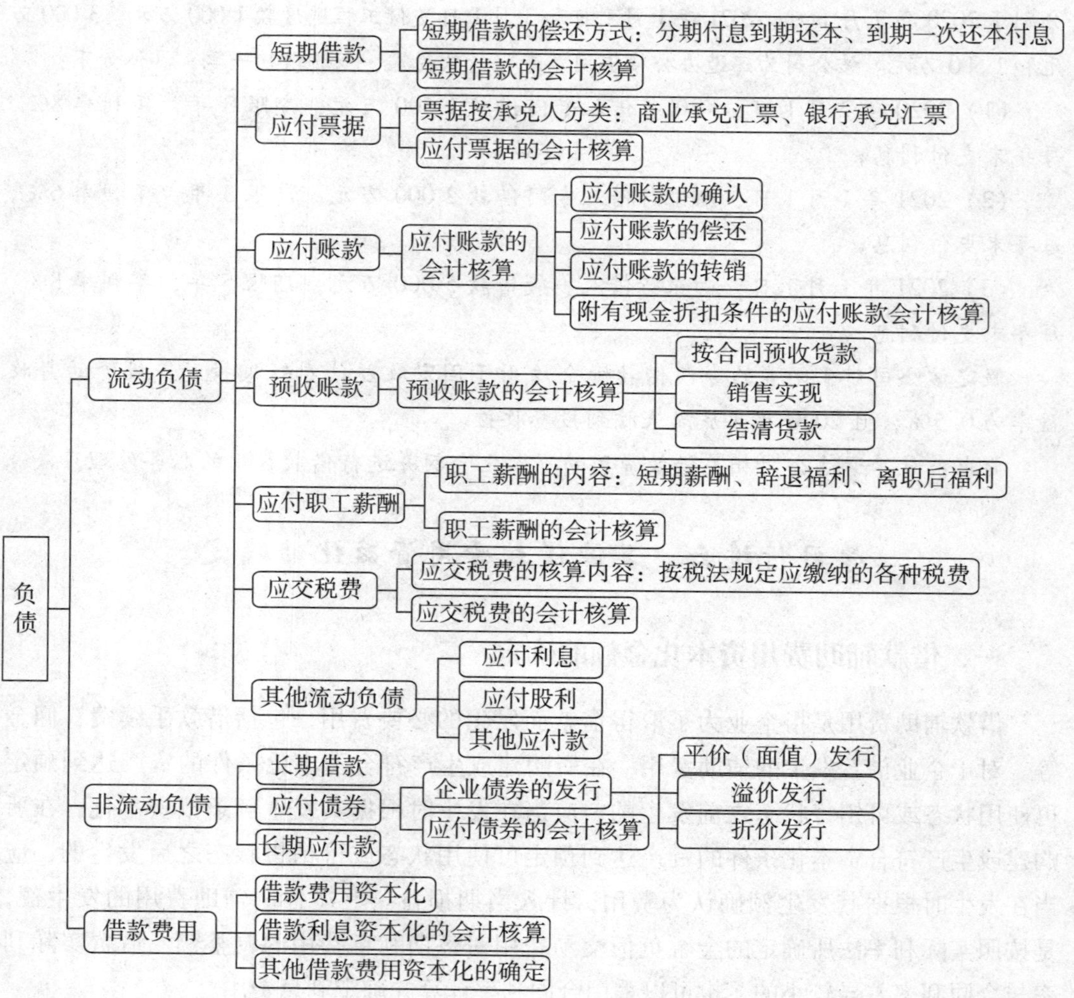

项目二　所有者权益

知识目标

1. 熟悉所有者权益的含义及构成；
2. 理解实收资本和资本公积的相关规定；
3. 掌握盈余公积的提取与用途。

能力目标

1. 熟练进行实收资本（股本）增减的核算；
2. 具备资本公积形成与转增资本的核算能力；
3. 正确进行盈余公积提取与使用的核算；
4. 具备未分配利润形成、结转和弥补亏损的核算能力。

案例导入

东方公司的小李刚接触所有者权益核算工作，发现公司拥有注册资本 3 000 000 元，其投资者有三家企业，各占本公司股份的三分之一。最近公司因经营规模扩张，注册资本要求增加至 4 000 000 元，于是公司又引进了第四家企业作为新投资者。根据投资协议规定，第四家企业只有投资 2 000 000 元，才能占有四分之一的股份。

问题思考：上述业务涉及所有者权益的哪些构成部分？小李对这些业务该如何进行会计处理？

任务一　所有者权益概述

学习情境一　企业组织形式

在我国市场经济中，企业是主体，虽然企业所有制性质不同，但与所有者权益密切相关的却是企业的组织形式。目前国际上通行的做法是按照企业资产经营的法律责任，把企业划分为非公司型企业和公司型企业。

一、非公司型企业

（一）独资型企业

独资型企业的全部资产归出资者一人所有，企业经营活动也由出资者个人承担，因此，企业所有权与经营权是统一的。独资型企业不具有法人资格，其所有者对企业债务负有无限清偿责任，是最简单、最原始的企业组织形式。

这种企业一般规模比较小，资金来源有限，生产条件和生产过程比较简单，具有较大的局限性。

（二）合伙型企业

合伙型企业是指两个或两个以上的合伙人按照协议共同出资，共担风险，并且对企业债务承担连带责任的企业。合伙型企业不具有法人资格，企业事务通常由合伙人共同决定，然后再委托一个或部分合伙人去执行。合伙人对企业债务承担无限连带责任，一旦发生债务，债权人可以向任何一个合伙人请求清偿全部债务。

合伙型企业由于吸收其他私人投资，为扩大经营规模提供了一定条件，因而是一种比独资型企业先进的企业组织形式。但是该企业局限性也很明显，主要是权力分散、决策缓慢、筹资困难、风险较大。

二、公司型企业

公司型企业简称公司，是依据一定的法律程序申请登记设立，并以盈利为目的的具有法人资格的经济组织。公司具有自己独立的财产，独立承担经济责任，并享有相应的民事权利，比较适合规模较大的生产经营企业。《中华人民共和国公司法》将公司分为有限责任公司和股份有限公司。

（一）有限责任公司

有限责任公司是指根据《中华人民共和国公司登记管理条例》规定登记注册，由五十个以下的股东出资设立，每个股东以其所认缴的出资额为限对公司承担有限责任，并享有相应权益的公司。该类型公司的股东既可以是自然人，也可以是法人和政府，其资本不分为等额股份，不对外公开募集资金，不能发行股票，是我国企业实行公司制最重要的一种组织形式。

（二）股份有限公司

股份有限公司是指由三人或三人以上的股东共同出资组成，股东以其认购的股份为限对公司债务承担有限责任的公司。它是适应社会化大生产和市场经济发展需要，有利于强化企业经营管理职能的一种企业组织形式。股份有限公司的主要特征：①发行股票，作为股东入股的凭证，公司的资本总额平分为金额相等的股份；②公司股份可以自由转让，但不能退股；③实现所有权与经营权的相对分离，具有筹资便利、风险分散、资本充分流动的优点。

本书主要选择股份有限公司的股东权益作为重点论述，其他稍加涉及。

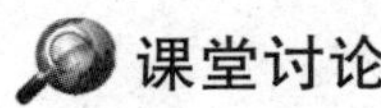

课堂讨论

企业组织形式有哪几种？比较有限责任公司与股份有限公司的异同。

学习情境二　所有者权益的含义及构成

一、所有者权益的含义

所有者权益又称净资产，指所有者在企业资产中享有的经济利益，其金额为资产减去负债后的余额。会计方程式“资产－负债＝所有者权益”清楚地说明了所有者权益实质上是一种剩余权益，是企业全部资产减去全部负债后的差额，体现企业的产权关系。这一等式表达了所有者权益的基本含义及计量方法，也表达了所有者权益的受偿顺序。

所有者权益的主要特征：一是作为企业可长久使用的资金来源，除非发生减资、清算，所有者权益一般不需要企业偿还；二是企业在清算时，所有者权益的清偿列在负债之后；三是所有者权益的满足由企业实现的收益程度决定，所有者凭借其所有者权益参与利润的分配。

二、所有者权益的构成

按照现行会计制度的规定，所有者权益一般由以下部分组成：实收资本（股本）、资本公积和留存收益。

1. 实收资本

实收资本是指所有者在企业注册资本的范围内实际投入的资本。所谓注册资本，指企业在设立时向工商行政管理部门登记的资本总额，也就是全部出资者设定的出资额之和。注册资本是企业的法定资本，是企业承担民事责任的财力保证。

2. 资本公积

资本公积是指归所有者所共有的、非收益转化而形成的资本，主要包括资本溢价（股本溢价）和其他资本公积等。

3. 留存收益

留存收益是指归所有者所共有的、由收益转化而形成的所有者权益，主要包括盈余公积和未分配利润。

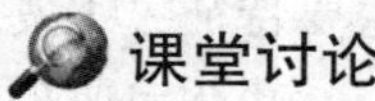
课堂讨论

所有者权益由哪几部分构成？每一部分各具有什么含义？

任务二　实收资本

学习情境一　实收资本的分类

在不同类型的企业中，实收资本的表现形式有所不同。在股份有限公司，实收资本表现为实际发行股票的面值，也称为股本；在其他企业，实收资本表现为所有者在注册资本范围内的实际出资额。

一、按投资主体的性质不同

实收资本可以分为国家资本、法人资本、个人资本和外商资本。

（1）国家资本，指有权代表国家投资的政府部门或者机构以国有资产投入企业所形成的资本。

（2）法人资本，指我国具有法人资格的单位以其依法可以支配的资产投入企业所形成的资本。

（3）个人资本，指我国公民以其合法财产投入企业所形成的资本。

（4）外商资本，指外国投资者以及我国香港、澳门和台湾地区的投资者将资产投入企业所形成的资本。

二、按投入资产的形式不同

实收资本可以分为货币资金投资、实物资产投资和无形资产投资。实收资本的计价一般按其在注册资本或股本中所占份额记账。

（1）货币资金投资，指投资者直接以货币资金（包括库存现金、银行存款和其他货币资金）作为投入资本所进行的投资。货币资金投资以实际收到的货币资金数额入账。

（2）实物资产投资，指投资者直接以存货或固定资产作为投入资本所进行的投资。实物资产投资以投资各方确认的价值入账。

（3）无形资产投资，指投资者直接以无形资产作为投入资本所进行的投资。无形资产投资以投资各方确认的价值入账，但若为首次发行股票而接受投资者投入的无形资产，应按无形资产在投资方的账面价值入账。

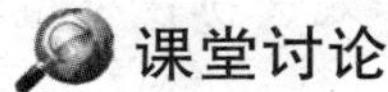课堂讨论

实收资本如何分类？若按投入资产形式不同进行分类，实收资本该如何计价？

学习情境二　实收资本的会计核算

一、账户设置

企业对于投资者投入资本的核算，应当设置“实收资本”或“股本”账户，其中，“实收资本”账户为非股份制企业所设，“股本”账户为股份制企业所设。“实收资本”或“股本”账户属于所有者权益类账户，借方登记投入资本的减少，贷方登记投入资本的增加，期末余额在贷方，反映投入资本的实际金额。该账户应按投资者进行明细核算（“股本”账户可以按股票类型进行明细核算）。

同时，企业为了核算收到的投资者出资额超过其在注册资本或股本中所占份额的资本，还应当设置“资本公积”账户。该账户属于所有者权益类账户，借方登记按法定程序转增资本而减少的资本公积，贷方登记资本公积的增加，期末余额在贷方，反映企业实际尚存资本（股本）溢价金额。该账户应分别按“资本溢价（股本溢价）”“其他资本公积”进行明细核算。

实收资本的核算

二、账务处理

1. 企业接受货币资金或无形资产投资

企业收到投资者以货币资金或无形资产投资时，应做出如下账务处理：

借：银行存款/库存现金/无形资产等（实际收到的货币资金或确认的无形资产价值）

　　贷：实收资本/股本（投资者所占权益份额或股票面值总额）

　　　　资本公积——资本溢价或股本溢价（实际所收投资额超过权益份额的部分）

【例2-1】 通达公司2020年6月16日接受南方公司现金投资200 000元。已全部存入银行，通达公司根据银行的收款通知等凭证，应作出如下账务处理：

借：银行存款　　　　　　　　200 000

　　贷：股本——南方公司　　　　　　200 000

【例2-2】 通达公司2020年6月20日发行普通股2 000万股，每股面值1元。假定按每股1.3元的价格溢价发行（未考虑手续费用）。

当通达公司发行股票收到股款时，应做出如下账务处理：

借：银行存款（20 000 000×1.3）　　　　26 000 000

　　贷：股本——普通股（20 000 000×1）　　　　20 000 000

资本公积——股本溢价 6 000 000

【例2－3】2020年6月李某以其拥有的专利权投资朝阳齿轮厂，双方协议价值（公允价值）为280万元，已办妥相关手续。

根据有关资产评估报告及投资协议等，应做出如下账务处理：

借：无形资产——专利权 2 800 000

贷：实收资本——李某 2 800 000

2. 企业接受实物资产投资

企业收到投资者以固定资产或存货投资时，应做出如下账务处理：

借：固定资产/原材料等

应交税费——应交增值税（进项税额）

贷：实收资本/股本

资本公积——资本溢价或股本溢价

【例2－4】通达公司2020年6月22日接受利华公司一台不需安装的设备投资，该设备双方确认的不含税价值为200 000元，增值税税率为13%，与注册资本中所占份额相等。

根据有关资产评估报告及实物转移凭证等，应做出如下账务处理：

借：固定资产——设备 200 000

应交税费——应交增值税（进项税额） 26 000

贷：股本——利华公司 226 000

3. 资本公积或盈余公积转增实收资本

资本公积和盈余公积均属于所有者权益，当用于转增资本时，其账务处理如下：

借：资本公积——资本溢价或股本溢价

盈余公积

贷：实收资本/股本

【例2－5】通达公司为扩大经营规模，经批准，2020年6月29日按原出资比例，将资本公积120 000元转增资本，其中，南方公司、利华公司在通达公司的持股比例分别为40%和60%。

根据有关批准文件和持股比例，通达公司做出如下账务处理：

借：资本公积——资本溢价 120 000

贷：股本——南方公司 48 000

——利华公司 72 000

课堂讨论

企业接受不同形式的资产投资时，应如何进行账务处理？

实践操作

2021 年 7 月 20 日，南方公司由甲、乙、丙三人共同投资设立，注册资本为 950 000 元。其中甲、乙分别以现金出资 200 000 元、400 000 元，丙以一台机器设备作为投资，该设备公允价值（不含税）为 350 000 元。假定南方公司为增值税一般纳税人，税率为 13%。

要求：对南方公司相关业务进行账务处理并正确填制记账凭证。

任务三　资本公积

学习情境一　资本公积的定义与内容

一、资本公积的定义

资本公积是指企业收到的投资者超出其在注册资本（或股本）中所占份额的投资，以及直接计入所有者权益的利得和损失。

资本公积由全体所有者享有。《中华人民共和国公司法》规定，资本公积主要用于转增资本。在转增资本时，按各个所有者在实收资本中所占的投资比例计算出金额，分别转增各个所有者的投资金额。

二、资本公积的内容

从内容来看，资本公积包括资本溢价（或股本溢价）和其他资本公积。

（1）资本溢价，指投资者缴付企业的出资额大于其在企业注册资本中所拥有份额的部分。

（2）股本溢价，指股份有限公司溢价发行股票时实际收到的款项超过股票面值总额的部分。

（3）其他资本公积，指除资本（或股本）溢价以外所形成的资本公积，包括拨款转入、关联交易差价余额、股权投资准备、接受捐赠非现金资产准备在相关资产处置后转入的资本公积。

课堂讨论

企业资本公积包括哪些内容？如何理解这些内容？

学习情境二　资本公积的会计核算

一、资本溢价形成的资本公积

资本溢价或股本溢价的核算

当企业接受投资，出现资本溢价时，其账务处理如下：

借：银行存款/库存现金/固定资产等（实际收到的款项）

　　应交税费——应交增值税（进项税额）（实物资产投资时出现增值税）

　贷：实收资本（出资额在企业注册资本中所占份额）

　　　资本公积——资本溢价（实际所收款项超过在注册资本中所占份额部分）

【例2-6】通达公司原由两位投资者各投资300万元设立。2020年6月27日，为扩大经营规模，经批准，该公司将注册资本增加到900万元，并吸收第三位投资者加入。按照协议，新投资者需要缴入现金500万元才能享有公司三分之一的股份。公司已经收到现金投资款。假定不考虑其他因素。

对于新吸收的投资，相关账务处理如下：

借：银行存款　　5 000 000

　贷：实收资本　　3 000 000

　　　资本公积——资本溢价　　2 000 000

二、股本溢价形成的资本公积

当企业接受投资，出现股本溢价时，其账务处理如下：

借：银行存款/库存现金/固定资产等（实际收到的款项）

　　应交税费——应交增值税（进项税额）（实物资产投资时出现增值税）

　贷：股本（股票面值总额）

　　　资本公积——股本溢价（按上述差额部分）

【例2-7】通达公司2020年7月1日首次公开发行普通股200万股，每股面值1元，每股发行价格3元。该公司以银行存款支付股票发行的交易费用共50万元。假定发行收入已全部存入银行，不考虑其他因素。

（1）收到发行收入时：

借：银行存款　　6 000 000

　贷：股本　　2 000 000

　　　资本公积——股本溢价　　4 000 000

（2）支付交易费用时：

借：资本公积——股本溢价　　500 000

　贷：银行存款　　500 000

三、其他资本公积

其他资本公积包括以权益结算的股份支付以及采用权益法核算的长期股权投资涉及的业务。本书只举例说明采用权益法核算的长期股权投资涉及的其他资本公积业务。

企业长期股权投资采用权益法核算的，在持股比例不变时，对于被投资单位除净损益以外所有者权益的其他变动，投资企业按持股比例计算应享有的份额，做出如下账务处理：

借：长期股权投资——其他权益变动

　贷：资本公积——其他资本公积

【例2－8】通达公司对利华公司的投资占利华公司可辨认净资产公允价值的30%，2020年7月10日，利华公司接受其他公司捐赠的不需要安装的设备一台，该设备市价为100 000元（不含增值税），假定所有公司均适用25%的所得税税率。

通达公司按比例享有利华公司所接受的捐赠金额＝100 000×（1－25%）×30%＝22 500（元）

相关账务处理如下：

借：长期股权投资——其他权益变动　　22 500

　贷：资本公积——其他资本公积　　22 500

四、资本公积转增资本

《中华人民共和国公司法》等法律规定，资本公积主要用来转增资本，不得用于弥补公司亏损。其具体账务处理可参考前面实收资本部分，相关举例见例2－5。

课堂讨论

资本公积业务核算需要考虑哪些情况？如何进行相关业务的核算？

实践操作

通达公司拥有注册资本15 000万元，2021年7月10日，启明公司以现金8 000万元作为出资额，取得通达公司20%的股份；8月15日，利丰公司以一批材料作为投资，取得通达公司15%的股份，该批材料已在通达公司验收入库，其成本为500万元，公允价值（不含税）为600万元；9月3日，经股东大会批准，通达公司将资本公积300万元转增资本。假定所有公司增值税税率均为13%。

要求：对通达公司相关业务进行账务处理并正确填制记账凭证。

任务四 留存收益

学习情境一 留存收益的性质及其构成

一、留存收益的性质

留存收益是指企业从历年实现的利润中提取或形成的留存于企业的内部积累，是股东权益的重要项目。

留存收益与投入资本不同。投入资本是由所有者从外部投入企业的，而留存收益是依靠企业经营所得的盈利累积形成的。

留存收益会因企业经营获取收益而增加，因分给投资者而减少。留存收益的另一面为亏损，企业如果发生经营亏损将会减少留存收益。

二、留存收益的构成

留存收益由盈余公积和未分配利润构成。

1. 盈余公积

盈余公积是指企业按照有关规定从净利润中提取的积累资金。包括法定盈余公积和任意盈余公积。

（1）法定盈余公积。

法定盈余公积是指企业按照规定的比例从净利润中提取的盈余公积。《中华人民共和国公司法》规定，公司制企业的法定盈余公积按照税后利润的10%提取，当法定盈余公积累计额达到注册资本的50%以上时，可以不再提取法定盈余公积。

需要注意的是，计算法定盈余公积的计提基数时，若年初有未分配利润（有盈余），其基数不应包括年初未分配利润；但若年初有未弥补亏损，则应先弥补年初未弥补亏损后再提取法定盈余公积。

（2）任意盈余公积。

任意盈余公积是指企业提取法定盈余公积后，出于实际需要，按照股东大会决议从净利润中提取的盈余公积。由于任意盈余公积是企业自愿拨定的留存收益，其数额视企业实际情况而定。

2. 未分配利润

未分配利润是企业留待以后年度进行分配的结存利润。未分配利润有两层含义：一是留待以后年度处理的利润；二是未指定特定用途的利润。

相对于所有者权益的其他部分，企业对于未分配利润的使用分配具有较大的自主权。从数量上来说，未分配利润的计算可以用公式表达为：

未分配利润 = 期初未分配利润 + 本期净利润 − 提取的各种盈余公积 − 分配给投资者的利润 + 以前年度损益调整

课堂讨论

留存收益具有哪些性质？其构成包括哪些方面？

学习情境二　留存收益的会计核算

一、账户设置

1. “盈余公积”账户

为了核算和监督企业盈余公积的提取和使用情况，企业应设置“盈余公积”账户。该账户属于所有者权益类账户，借方登记盈余公积的使用金额，贷方登记盈余公积的提取金额，期末余额在贷方，反映企业盈余公积的结存金额。该账户分别按“法定盈余公积”“任意盈余公积”进行明细核算。

2. “利润分配”账户

未分配利润是通过“利润分配”账户进行核算的。“利润分配”账户属于所有者权益类账户，用于核算利润的分配（或亏损的弥补）和历年分配（或弥补）后的未分配利润（或未弥补亏损）。借方登记提取的盈余公积、分配给投资者的利润、用于补亏的利润、转作股本的利润，以及应交的所得税等，贷方登记由“本年利润”账户转入的本期已实现的利润。期末余额在借方，反映企业累积尚未弥补的亏损；期末余额在贷方，反映企业累积尚未分配的利润。该账户应分别按“提取法定盈余公积”“提取任意盈余公积”“应付现金股利或利润”“转作股本的股利”“未分配利润”等进行明细核算。

盈余公积的核算

二、账务处理

1. 盈余公积的账务处理

盈余公积的核算业务包括提取盈余公积、盈余公积补亏、盈余公积转增资本、盈余公积用于发放股利或利润。

（1）提取盈余公积。

借：利润分配——提取法定盈余公积

　　　　　　——提取任意盈余公积

　贷：盈余公积——法定盈余公积

　　　　　　　——任意盈余公积

【例2－9】通达公司2020年实现税后利润1 000 000元，年初未分配利润为0，经股东大会批准，该公司按当年实现净利的10%、8%分别提取法定盈余公积、任意盈余公积。

提取的法定盈余公积＝1 000 000×10%＝100 000（元）

提取的任意盈余公积＝1 000 000×8%＝80 000（元）

借：利润分配——提取法定盈余公积　　100 000

　　　　　　——提取任意盈余公积　　80 000

　贷：盈余公积——法定盈余公积　　100 000

　　　　　　——任意盈余公积　　80 000

（2）盈余公积补亏。

借：盈余公积

　贷：利润分配——盈余公积补亏

【例2－10】利华公司2020年用以前年度提取的盈余公积弥补当年亏损50 000元。

借：盈余公积　　50 000

　贷：利润分配——盈余公积补亏　　50 000

（3）盈余公积转增资本。

借：盈余公积

　贷：实收资本/股本

【例2－11】通达公司2020年因扩大经营规模需要，经股东大会批准，将盈余公积600 000元转增股本。假定不考虑其他因素。

借：盈余公积　　600 000

　贷：股本　　600 000

（4）盈余公积用于发放股利或利润。

宣告分配股利时：

借：利润分配——应付现金股利

　　盈余公积

　贷：应付股利

发放现金股利时：

借：应付股利

　贷：银行存款

【例2－12】通达公司2020年12月31日普通股股本为6 000万股，每股面值1元，可供投资者分配的利润为1 000万元，盈余公积1 500万元。2021年3月20日，股东大会决议批准了2020年度利润分配方案，以2020年12月31日为登记日，按每股0.2元发放现金股利，共需要分配1 200万元的现金股利。假定不考虑其他因素。

宣告分配股利时：

借：利润分配——应付现金股利　　10 000 000
　　盈余公积　　2 000 000
　贷：应付股利　　12 000 000

发放现金股利时：

借：应付股利　　12 000 000
　贷：银行存款　　12 000 000

2. 利润分配的账务处理

企业在生产经营过程中既可能盈利，也可能出现亏损。在期末应结转当年的盈利或亏损。以当年实现净利润弥补以前年度结转的未弥补亏损时，不需要进行专门的账务处理。

若当年盈利，则：

借：本年利润
　贷：利润分配——未分配利润

若当年亏损，则：

借：利润分配——未分配利润
　贷：本年利润

【例2－13】 通达公司2014年发生亏损96万元。2015—2019年，该公司每年均实现利润16万元。2020年实现税前利润32万元。按照现行规定，企业在发生亏损后的5年内可以用税前利润弥补亏损。假定适用的所得税税率为25%。

（1）2014年年末结转本年发生的亏损，做出如下账务处理：

借：利润分配——未分配利润　　960 000
　贷：本年利润　　960 000

（2）2015—2019年均可在税前弥补2014年的亏损，且每年年末做出如下账务处理：

借：本年利润　　160 000
　贷：利润分配——未分配利润　　160 000

（3）经过前面5年的亏损弥补，2020年年初未弥补亏损还有16万元，按照现行规定，只能用税后利润弥补以前年度亏损。2020年年末通达公司做出如下账务处理：

①计算缴纳所得税：

借：所得税费用（320 000×25%）　　80 000
　贷：应交税费——应交所得税　　80 000

借：本年利润　　80 000
　贷：所得税费用　　80 000

②结转本年利润，弥补以往年度亏损：

借：本年利润（320 000－80 000）　　240 000

贷：利润分配——未分配利润　　240 000

课堂讨论

盈余公积包括哪些内容？如何进行相关业务的核算？

实践操作

通达公司2021年年初未分配利润贷方余额为200万元，本年利润总额为1 000万元，该企业适用的所得税税率为25%，不考虑纳税调整事项，按净利润的10%提取法定盈余公积，提取任意盈余公积50万元，向投资者分配利润100万元。

要求：计算通达公司2021年年末未分配利润并进行相关账务处理。

本项目小结

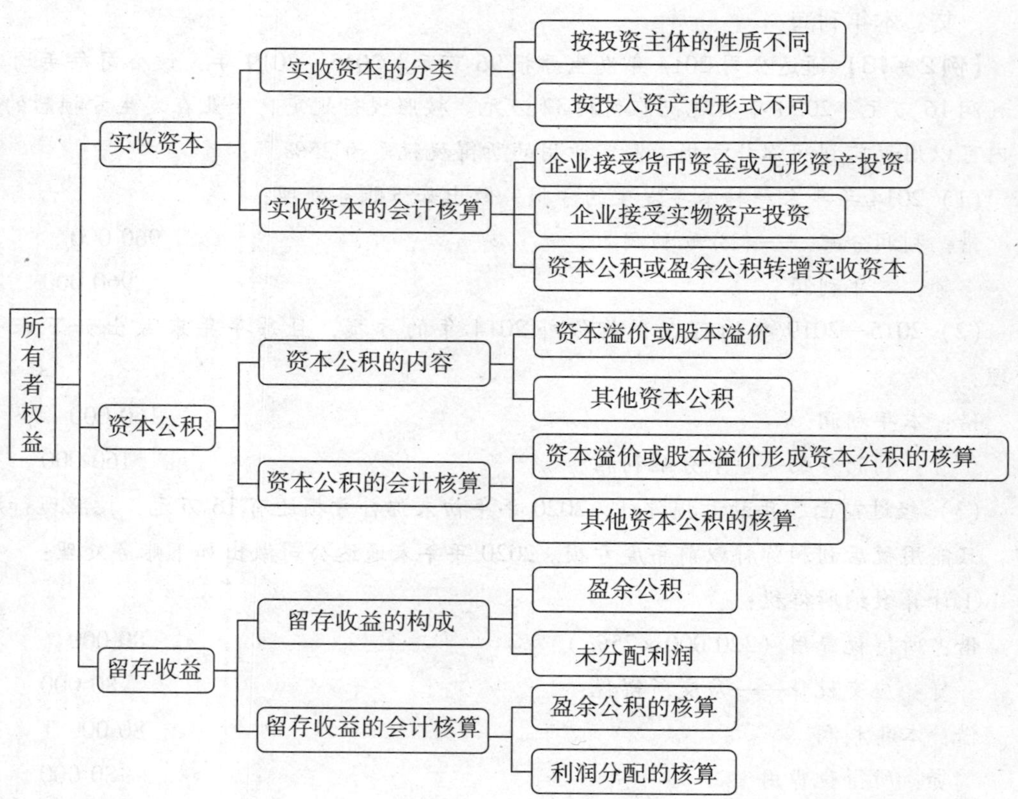

项目三　收入

知识目标

1. 熟悉销售商品收入、提供劳务收入、让渡资产使用权收入的确认与计量；
2. 理解商业折扣、现金折扣、销售折让和销售退回的含义。

能力目标

1. 掌握一般商品销售、提供劳务收入和让渡资产使用权收入的会计核算；
2. 熟练进行商业折扣、现金折扣、销售折让和销售退回的会计核算；
3. 具备委托代销相关业务的会计核算能力。

案例导入

东方公司与利达公司签订了一份产品销售合同，金额为150 000元。财务新手小李负责该销售业务的核算，但是因为利达公司对已购买的产品质量存在疑问，导致最终销售结果仍未确定。于是小李就此向财务经理张一平请教。

张一平经理首先问了小李一个问题："销售折扣、销售折让和销售退回有什么区别呀?"

小李答道："前面两个好像都能使公司实现销售收入，后面一个却不能，但是具体有什么区别不是非常清楚。"

张一平经理接着问："如果这笔销售业务出现了销售折扣，那么应该考虑哪些具体的折扣呢?"

小李说："可能有商业折扣，也可能有现金折扣吧?"

张经理继续追问："那么，商业折扣与现金折扣又有什么区别呢?"

小李忽然有点懵了。

问题思考：如果你是小李的同事，请帮他捋捋思路，该如何分清上述几组概念?如何对涉及的相关业务进行会计处理呢?

任务一　销售商品收入

学习情境一　收入概述

一、收入的概念与特征

收入是指企业在日常经营活动中形成的、会导致所有者权益增加的、与所有者投入资本无关的经济利益的总流入。收入的特征如下。

1. 收入是企业日常经营活动形成的经济利益流入

日常经营活动是指企业为完成其经营目标所从事的经常性活动以及与之相关的其他活动。如工业企业制造并销售产品、商业企业购进并销售商品、租赁企业出租资产等经常性活动，由此产生的经济利益总流入构成收入；又如工业企业出售不需用的原材料、出售或出租固定资产及无形资产、利用闲置资金对外投资等与经常性活动相关的其他活动，由此产生的经济利益总流入也构成收入。

除了日常活动，企业有些活动与经常性活动联系不大，如处置固定资产或无形资产、接受捐赠等，由此产生的经济利益总流入不构成收入，应当确认为营业外收入。

2. 收入必然导致所有者权益增加

收入无论表现为资产的增加还是负债的减少，根据“资产 = 负债 + 所有者权益”的会计恒等式，最终必然导致所有者权益的增加。不符合这一特征的经济利益流入，不属于企业的收入，如企业代税务部门收取的税款、旅行社代客户购买飞机票收取的票款等，性质上属于代收款项，应作为暂收应付款记入相关负债类账户，而不能作为收入处理。

3. 收入不包括所有者向企业投资导致的经济利益流入

收入只包括企业通过自身活动获得的经济利益流入，而不包括所有者向企业投资导致的经济利益流入。所有者向企业投入的资本，在增加资产的同时，直接增加所有者权益，不能作为企业的收入。

二、收入的分类

（一）按交易性质分类

（1）销售商品收入，指企业通过销售产品或商品实现的收入。如工业企业销售产品实现的收入、商业企业销售商品实现的收入等。工业企业销售不需用的原材料、包装物等实现的收入，也视同销售商品收入。

（2）提供劳务收入，指企业通过提供各种劳务实现的收入。如建筑企业提供建造服务实现的收入、交通运输企业提供运输服务实现的收入、金融企业提供各种金融服务实现的收入等。

（3）让渡资产使用权的收入，指企业通过让渡资产使用权实现的收入。主要包括利息收入、使用费收入。另外还包括出租资产收取的租金、进行债权投资取得的利息、进行股权投资取得的现金股利收入等。

（二）按在经营业务中所占比重分类

（1）主营业务收入，又称基本业务收入，指企业通过为完成其经营目标所从事的主要经营活动实现的收入。不同行业的企业具有不同的主营业务。如工业企业主要从事制造和销售产品或半成品，商业企业主要从事销售业务，商业银行主要从事存贷款和办理结算等。主营业务收入经常发生，并在收入总额中占有较大比重。

（2）其他业务收入，又称附营业务收入，指企业通过除主要经营业务以外的其他经营活动实现的收入。如工业企业出租固定资产或无形资产，销售不需用的原材料等实现的收入。其他业务收入不经常发生，且在收入总额中所占比重较小。

课堂讨论

收入通常分为哪几类？其分类依据是什么？如何理解各类收入？

学习情境二　销售商品收入的确认与计量

一、销售商品收入的确认

企业销售商品时，必须同时满足下列5个条件，才可以确认为收入。

1. 企业已将商品所有权上的主要风险和报酬转移给购货方

这一条件是指与商品所有权有关的主要风险和报酬同时转移。其中，风险是指商品可能因发生减值或毁损等形成的损失；报酬是指商品增值或通过使用商品等形成的经济利益。

判断企业是否已经将商品所有权上的主要风险和报酬转移给购货方，应当关注交易的实质，并结合所有权凭证的转移进行判断。如果与商品所有权有关的任何损失均不需要销货方承担，与商品所有权有关的经济利益也不归销货方所有，就意味着商品所有权上的主要风险和报酬转移给了购货方。

2. 企业既没有保留通常与所有权相联系的继续管理权，也没有对已售出的商品实施有效控制

通常情况下，企业售出商品后不再保留与商品所有权相联系的继续管理权，也不再对售出商品实施有效控制，表明商品所有权上的主要风险和报酬已转移给购货方，应在发出商品时确认收入。

如果企业将商品售出后，仍然保留了与该商品所有权相联系的继续管理权，或仍然可以对该商品实施有效控制，则说明此项销售并没有完成，不能确认相应的收入，如售后回购、售后租回等。

3. 相关的经济利益很可能流入企业

经济利益是指直接或间接流入企业的现金或现金等价物，即销售商品的价款。相关的经济利益很可能流入企业，指销售商品价款收回的可能性大于不能收回的可能性，即销售商品收回价款的可能性超过50%。企业在销售商品时，如果估计价款收回的可能性不大，即使收入确认的其他条件均已满足，也不应当确认收入。

4. 收入的金额能够可靠地计量

收入的金额能够可靠地计量，指收入的金额能够合理地估计。如果收入不能合理地估计，就无法确认收入。通常情况下，企业应按从购货方已收或应收的合同或协议价款确定销售收入金额，但已收或应收的合同或协议价款不公允的除外。

5. 相关的已发生或将发生的成本能够可靠地计量

根据收入与费用配比原则，与同一销售相关的收入和费用应在同一会计期间予以确认，即企业在收入确认的同时或同一会计期间结转相关的成本。因此，如果成本不能可靠地计量，相关的收入也不能予以确认。

二、销售商品收入的计量

销售商品收入的计量就是确定商品销售的入账价值。实现的商品销售收入，应按实际收到或应收的价款入账。

1. 销售商品收入的计量原则

（1）销售有合同或者协议的，按合同或协议金额确定入账的价值。

（2）销售无合同或者协议的，按供需双方协议价格或者都能接受的价格确定入账的价值。

2. 销售商品收入计量的注意事项

（1）销售款采用递延方式收取或采用分期付款方式收取，期限较长，实质上具有融资性质，可收取款项中包含利息因素，收入应当按照商品的公允价值确认。

（2）销售商品采用以旧换新方式的，按照新商品售价确认收入，回收的旧商品作为购进商品处理。

（3）销售商品涉及现金折扣的，应当按照现金折扣前的金额确认收入。

（4）销售商品涉及商业折扣的，应当按照扣除商业折扣后的金额确认收入。

（5）销售商品发生销售折让的，应当在销售折让发生时冲减销售收入。

课堂讨论

销售商品收入的确认必须满足哪些条件？销售商品收入的计量应当注意哪些事项？

学习情境三　销售商品收入的会计核算

一、账户设置

为了总括地反映销售商品收入的实现情况，企业应当设置“主营业务收入”“主营业务成本”“销售费用”等账户进行核算。商品销售时收取的增值税销项税额，应在“应交税费——应交增值税”账户下设置销项税额专项核算。

（1）“主营业务收入”账户，主要用来核算企业销售商品（产品）和提供工业性劳务等所取得的收入。该账户属于损益类账户，借方登记因销售退回或折让而应冲减的主营业务收入，贷方登记企业已经实现的主营业务收入，期末转入“本年利润”账户后一般无余额。该账户按照商品（产品）或劳务种类进行明细核算。

（2）“主营业务成本”账户，主要用来核算企业因销售商品（产品）和提供工业性劳务等发生的实际成本。该账户属于损益类账户，借方登记已销售商品（产品）、已提供劳务的实际成本，贷方登记因销售退回而应冲减的本期销售成本，期末转入“本年利润”账户后一般无余额。该账户按照商品（产品）或劳务种类进行明细核算。

（3）“销售费用”账户，用来核算企业销售商品（产品）、提供劳务过程中发生的各项费用，包括保险费、包装费、展览费、广告费、商品维修费、预计产品质量保证损失、运输费、装卸费、专设销售机构的职工薪酬、业务费、固定资产折旧费及后续支出等。该账户属于损益类账户，借方登记费用的发生，期末转入“本年利润”账户后一般无余额。该账户按照费用项目进行明细核算。

二、账务处理

1. 一般商品销售的账务处理

确认商品销售收入：

借：银行存款/应收账款/应收票据等

　贷：主营业务收入

　　　应交税费——应交增值税（销项税额）

一般商品销售业务的核算

同时结转商品成本：

借：主营业务成本

　贷：库存商品

【例3－1】通达公司2020年7月3日销售甲商品一批，开具的增值税专用发票上注明的价款为200 000元，增值税为26 000元，商品已发出，所有款项已存入银行，相关手续已办妥。该批商品成本为150 000元。

确定商品销售收入：

借：银行存款　226 000

　贷：主营业务收入　200 000

　　　应交税费——应交增值税（销项税额）　26 000

同时结转商品成本：

借：主营业务成本　150 000

　贷：库存商品——甲商品　150 000

2. 销售折扣、折让与退回的账务处理

企业销售商品时，有时会附有一些销售折扣，还会因售出的商品质量不符等原因而在价格上给予客户一定的折让或为客户办理退货。当企业发生销售折扣、折让以及退回时，将会对收入金额以及销售成本、有关费用金额产生一定的影响。

（1）销售折扣。

销售折扣是指企业在销售商品时为鼓励客户多购买商品或尽早付款而给予的价款折扣，包括商业折扣和现金折扣。

①商业折扣。

商业折扣是指企业为促进商品销售而在商品标价上给予客户的价格扣除。其目的是鼓励客户多购商品，通常根据客户不同的购货数量而给予不同的折扣比率。商品标价扣除商业折扣后的金额，为双方的实际交易价格，即发票价格。

会计记录是以实际交易价格为基础的，而商业折扣是在交易成立前予以扣除的折扣，只是购销双方确定交易价格的一种方式，所以，并不影响销售的会计处理。

【例3-2】通达公司2020年7月10日销售乙商品1 000件，每件售价为300元，给予对方10%的商业折扣，增值税税率为13%。该批商品成本为230 000元。款项尚未收到。

确定销售收入和销项税额：

销售收入（发票价格）=1 000×300×（1-10%）=270 000（元）

销项税额=270 000×13%=35 100（元）

借：应收账款　305 100

　贷：主营业务收入　270 000

　　　应交税费——应交增值税（销项税额）　35 100

同时结转商品成本：

借：主营业务成本　230 000

　贷：库存商品——乙商品　230 000

②现金折扣。

现金折扣是指企业为鼓励客户在规定的折扣期限内付款而给予客户的价格扣除。其目的是鼓励客户尽早付款。若客户取得现金折扣，则其实际付款金额为发票金额扣除现金折扣后的余额。

现金折扣条件通常用一个简单的分式如2/10、1/20、N/30表示，这意味着，一笔赊销期为30天的商品交易，若10天内付款可得到2%的现金折扣；若超过10天且在20天内付款可得到1%的现金折扣；超过20天付款须按照发票金额付清全款。

对于附有现金折扣的销售，应收账款的未来收款额要视客户具体在某一折扣期内付款而定。其会计处理方法也面临两种选择，即总价法和净价法。所谓总价法，就是按发票金额对应收账款及销售收入计价入账。所谓净价法，就是按发票金额扣除现金折扣后的净额对应收账款及销售收入入账。

【例3-3】 2020年7月13日通达公司向利华公司赊销一批商品，合同约定的售价为50 000元，增值税为6 500元。该产品成本为45 000元。同时，根据合同约定，通达公司给予对方的现金折扣条件为3/10、2/20、N/30。相关手续已办妥，采用总价法核算，假定现金折扣不考虑增值税。

销售折扣业务的核算

①确定销售收入时：

借：应收账款——利华公司　　56 500

　贷：主营业务收入　　50 000

　　　应交税费——应交增值税（销项税额）　　6 500

同时结转产品成本：

借：主营业务成本　　45 000

　贷：库存商品　　45 000

②如果在10天内收到款项，则：

借：银行存款　　54 805

　　财务费用（56 500×3%）　　1 695

　贷：应收账款——利华公司　　56 500

③如果在11~20天内收到款项，则：

借：银行存款　　55 370

　　财务费用（56 500×2%）　　1 130

　贷：应收账款——利华公司　　56 500

④如果超过20天收到款项，则：

借：银行存款　　56 500

　贷：应收账款——利华公司　　56 500

课堂讨论

什么是销售折扣？销售折扣的核算应考虑哪些情况？

实践操作

通达公司2021年7月20日向南方公司赊销一批商品，售价为30 000元，增值税税率为13%。该批商品成本为20 000元。根据合同约定，通达公司给予对方10%的商业折扣，并给予现金折扣条件为2/10、1/20、N/30。相关手续已办妥，现金折扣采用总价法核算且不考虑增值税。

要求：对通达公司上述业务进行账务处理，写出必要的计算过程并正确填制记账凭证。

（2）销售折让。

销售折让是指企业因售出商品的质量不合格等原因而给予客户的价格折让。销售折让既可能发生在企业确认收入之前，也可能发生在企业确认收入之后。若其发生在企业确认收入之前，则应直接从原定的销售价格中扣除给予客户的销售折让作为实际销售价格，并据以确认销售收入；若其发生在企业确认收入之后，则应按实际给予客户的销售折让，冲减当期销售收入。

【例3-4】 2020年7月15日通达公司向南方公司销售丙产品一批，合同约定的销售价格为20 000元，增值税税额为2 600元，该产品成本为16 000元。

（1）假定合同约定验货付款，通达公司向南方公司开具发票账单。2020年7月20日，南方公司验货时发现产品质量有问题，要求给予10%的价格折让，通达公司同意给予折让，南方公司按折让后的金额付款。

销售折让业务的核算

① 2020年7月15日，通达公司发出产品：

借：发出商品——丙产品　　16 000

　贷：库存商品——丙产品　　16 000

② 2020年7月20日，南方公司按折让后的价格付款：

借：银行存款　　20 340

　贷：主营业务收入［20 000×（1-10%）］　　18 000

　　应交税费——应交增值税（销项税额）［2 600×（1-10%）］　　2 340

同时结转产品成本：

借：主营业务成本　　16 000

　贷：发出商品——丙产品　　16 000

（2）假定合同约定交款提货，通达公司在南方公司付款后向其开具发票及提货单。2020年7月20日，南方公司在验货时发现产品有质量问题，要求给予10%的价格折让，通达公司同意给予折让，并退回多收货款。

① 2020 年 7 月 15 日，通达公司收款后开具发票及提货单，确认收入：

借：银行存款　　22 600

　贷：主营业务收入　　20 000

　　应交税费——应交增值税（销项税额）　　2 600

同时结转产品成本：

借：主营业务成本　　16 000

　贷：库存商品——丙产品　　16 000

② 2020 年 7 月 20 日，通达公司退回多收货款：

借：主营业务收入（20 000×10%）　　2 000

　应交税费——应交增值税（销项税额）（2 600×10%）　　260

　贷：银行存款　　2 260

课堂讨论

什么是销售折让？销售折让发生于收入确认之前与发生于收入确认之后在核算上有何区别？

实践操作

通达公司 2021 年 7 月 23 日向信丰公司销售商品一批，开出的增值税专用发票上注明的价款为 60 000 元，增值税税率为 13%，该产品成本为 45 000 元。7 月 26 日，信丰公司验货时发现产品质量有问题，要求给予 8% 的价格折让，通达公司同意给予折让。若上述业务属于验货付款，则通达公司该如何进行相关账务处理？假如上述业务属于交款提货，价格折让相同，则通达公司又该如何进行相关账务处理？

（3）销售退回。

销售退回是指企业售出的商品由于质量、品种不符合要求等原因而发生的退货。发生销售退回时，可能存在以下两种情况。

①若企业尚未确认销售收入，则应对退回的商品做出如下账务处理：

借：库存商品

　贷：发出商品

销售退回业务的核算

②若企业已经确认了销售收入，则应对退回的商品做出如下账务处理：

借：库存商品

　贷：主营业务成本

【例 3－5】2020 年 7 月 23 日通达公司向云天公司销售丁产品一批，合同约定的销售价格为 500 000 元，增值税税额为 65 000 元，该产品成本为 400 000 元。

（1）假定合同约定验货付款，通达公司向云天公司开具发票账单。2020 年 7 月 26 日，云天公司验货时发现产品质量有问题，要求退货。通达公司同意退货并于当日办理了手续。

① 2020 年 7 月 23 日，通达公司发出产品：

借：发出商品——丁产品　　400 000

　贷：库存商品——丁产品　　400 000

② 2020 年 7 月 26 日，通达公司为云天公司办理退货：

借：库存商品——丁产品　　400 000

　贷：发出商品——丁产品　　400 000

（2）假定合同约定交款提货，通达公司在云天公司付款后向其开具发票及提货单。2020 年 7 月 26 日，云天公司在验货时发现产品有质量问题，要求退货。通达公司同意退货并于当日办理了手续。

① 2020 年 7 月 23 日，通达公司收款后开具发票及提货单，确认收入：

借：银行存款　　565 000

　贷：主营业务收入　　500 000

　　　应交税费——应交增值税（销项税额）　　65 000

同时结转产品成本：

借：主营业务成本　　400 000

　贷：库存商品——丁产品　　400 000

② 2020 年 7 月 26 日，通达公司为云天公司办理退货：

借：主营业务收入　　500 000

　　应交税费——应交增值税（销项税额）　　65 000

　贷：银行存款　　565 000

对于退货，则冲减相应成本：

借：库存商品——丁产品　　400 000

　贷：主营业务成本　　400 000

课堂讨论

什么是销售退回？销售退回与销售折扣、折让有何异同？试举例说明。

实践操作

通达公司 2021 年 7 月 25 日向南平公司销售商品一批，开出的增值税专用发票上注明的价款为 80 000 元，增值税税率为 13%，该产品成本为 60 000 元。7 月 27 日，南平公司验货时发现产品质量有问题，要求退货，通达公司同意退货。若上述业务属于验货付款，则通达公司该如何进行相关账务处理？假如上述业务属于交款提货，价格折让相同，则通达公司又该如何进行相关账务处理？

3. 特殊销售商品业务及账务处理

（1）委托代销。

委托代销是指委托方根据合同，委托受托方代销商品的一种销售方式。具体可分为视同买断方式和支付手续费方式。

第一种，视同买断方式。该方式是指委托方与受托方签订合同，委托方按照协议价收取代销商品的货款，实际售价可由受托方自定，差价归受托方所有的一种代销方式。

若委托代销合同明确表示受托方在取得代销商品后，无论是否能够卖出、是否获利，均与委托方无关，则可以认为受托方实际上已经承担了对代销商品无条件付款的义务，双方之间的代销商品交易与委托方直接销售商品给受托方没有实质区别。

【例3-6】2020年7月25日通达公司委托向阳公司代销冰箱一批，协议价为300 000元，增值税为39 000元，该批冰箱成本为230 000元。向阳公司在取得代销商品后，无论是否卖出、是否获利，均与通达公司无关。7月30日向阳公司将该批冰箱按400 000元的价格全部卖出，收取增值税52 000元，并给通达公司开来代销清单，结清协议价款。

（1）通达公司的账务处理。

①发出代销的商品，确认收入：

借：应收账款——向阳公司　　339 000

　贷：主营业务收入　　300 000

　　　应交税费——应交增值税（销项税额）　　39 000

同时结转商品成本：

借：主营业务成本　　230 000

　贷：库存商品——冰箱　　230 000

②收到代销清单及款项：

借：银行存款　　339 000

　贷：应收账款——向阳公司　　339 000

（2）向阳公司的账务处理。

①收到受托代销的商品：

借：库存商品——冰箱　　300 000

　　应交税费——应交增值税（进项税额）　　39 000

　贷：应付账款——通达公司　　339 000

②售出代销商品：

借：银行存款　　452 000

贷：主营业务收入　　400 000
　　应交税费——应交增值税（销项税额）　　52 000

同时结转代销商品成本：

借：主营业务成本　　300 000
　贷：库存商品——冰箱　　300 000

③按协议价将款项转给通达公司：

借：应付账款——通达公司　　339 000
　贷：银行存款　　339 000

若委托代销合同明确表示，将来受托方可以把未售出商品退回给委托方，或受托方因代销商品出现亏损可以要求委托方赔偿，则委托方在交付商品时不确认收入，受托方也不作为购进商品处理。受托方将商品销售后，应按实际售价确认为销售收入，将双方签订的协议价确认为商品销售成本，并向委托方开出代销清单。委托方收到代销清单时确认收入。

【例3-7】 按照例3-6的资料，现假定向阳公司将来可以把未售出商品退回给通达公司，其他条件不变。

（1）通达公司的账务处理。

①发出代销的商品：

借：发出商品——冰箱　　230 000
　贷：库存商品——冰箱　　230 000

②收到代销清单，确认收入：

借：应收账款——向阳公司　　339 000
　贷：主营业务收入　　300 000
　　应交税费——应交增值税（销项税额）　　39 000

同时结转商品成本：

借：主营业务成本　　230 000
　贷：发出商品——冰箱　　230 000

③收到款项：

借：银行存款　　339 000
　贷：应收账款——向阳公司　　339 000

（2）向阳公司的账务处理。

①收到受托代销的商品：

借：受托代销商品——冰箱　　300 000
　贷：受托代销商品款　　300 000

②售出代销商品：

借：银行存款　　452 000

贷：主营业务收入 400 000

应交税费——应交增值税（销项税额） 52 000

同时结转代销商品成本：

借：主营业务成本 300 000

贷：受托代销商品——冰箱 300 000

借：受托代销商品款 300 000

贷：应付账款——通达公司 300 000

③收到增值税专用发票：

借：应交税费——应交增值税（进项税额） 39 000

贷：应付账款——通达公司 39 000

④按协议价将款项转给通达公司：

借：应付账款——通达公司 339 000

贷：银行存款 339 000

课堂讨论

什么是委托代销？视同买断方式具有哪些特征？

实践操作

通达公司2021年8月2日委托南方公司代销电扇一批，协议价为200 000元，增值税税率为13%，该批冰箱成本为160 000元。南方公司在取得代销商品后，将来可以自定商品的实际售价，并且可以把未售出商品退回给通达公司。8月15日南方公司将该批电扇按280 000元的价格全部卖出，并给通达公司开来代销清单，结清协议价款。

要求：对上述业务作出交易双方的账务处理并正确填制记账凭证。

第二种，支付手续费方式。该方式是一种典型的委托代销安排，指委托方与受托方签订合同，委托方根据代销商品的数量向受托方支付手续费的一种代销方式。与视同买断方式相比，支付手续费方式的特点主要是在受托方售出商品之前，委托方对商品拥有控制权，受托方一般应按照委托方规定的价格销售商品，不得自行改变售价。

【例3-8】 2020年8月2日通达公司采用支付手续费方式委托南方公司代销商品一批，成本为16 000元。合同标明售价为20 000元，增值税为2 600元，南方公司按照商品售价的5%收取手续费，手续费适用的增值税税率为6%。8月19日南方公司将商品全部售出，并给通达公司开来代销清单，通达公司根据清单已销金额给南方公司开具了增值税专用发票。

(1) 通达公司的账务处理。

①发出代销的商品：

	借方	贷方
借：发出商品	16 000	
贷：库存商品		16 000

②收到代销清单，确认收入：

	借方	贷方
借：应收账款——南方公司	22 600	
贷：主营业务收入		20 000
应交税费——应交增值税（销项税额）		2 600

同时结转商品成本：

	借方	贷方
借：主营业务成本	16 000	
贷：发出商品		16 000

③确认应付的代销手续费：

	借方	贷方
借：销售费用（20 000×5%）	1 000	
应交税费——应交增值税（进项税额）（1 000×6%）	60	
贷：应收账款——南方公司		1 060

④收到南方转来的款项：

	借方	贷方
借：银行存款	21 540	
贷：应收账款——南方公司		21 540

(2) 向阳公司的账务处理。

①收到受托代销的商品：

	借方	贷方
借：受托代销商品	20 000	
贷：受托代销商品款		20 000

②售出代销商品：

	借方	贷方
借：银行存款	22 600	
贷：受托代销商品		20 000
应交税费——应交增值税（销项税额）		2 600

③收到增值税专用发票：

	借方	贷方
借：受托代销商品款	20 000	
应交税费——应交增值税（进项税额）	2 600	
贷：应付账款——通达公司		22 600

④计算代销手续费并结清代销商品款：

	借方	贷方
借：应付账款——通达公司	22 600	
贷：银行存款		21 540
其他业务收入		1 000
应交税费——应交增值税（进项税额）		60

课堂讨论

什么是支付手续费方式？支付手续费方式与视同买断方式有何区别？

实践操作

通达公司2021年8月10日委托天虹公司代销商品一批，成本为20 000元。合同标明售价为30 000元，增值税税率为13%，天虹公司按照商品售价的6%收取手续费，手续费适用的增值税税率为6%。8月23日通达公司收到天虹公司开来的代销清单，并根据清单已销金额给天虹公司开具了增值税专用发票。

要求：对上述业务作出交易双方的账务处理并正确填制记账凭证。

（2）以旧换新。

采取以旧换新方式销售商品的，应按新商品的同期销售价格确定销售额，不得冲减旧商品的收购价格。销售商品与有偿收购旧货是两项不同的业务活动，销售额与收购额不能相互抵减。

【例3－9】2020年8月10日，通达公司采用以旧换新方式销售给利华公司一批商品，售价50 000元，增值税为6 500元。同时回收一批旧商品，回收价为10 000元，款项已存入银行。（注意：回收的旧商品不能计算增值税进项税额，因为该公司不是专门从事废旧物资的收购单位。）

有关账务处理如下：

	借方	贷方
借：银行存款	46 500	
库存商品	10 000	
贷：主营业务收入		50 000
应交税费——应交增值税（销项税额）		6 500

课堂讨论

什么是以旧换新方式？如何进行以旧换新业务的账务处理？

任务二　提供劳务收入

学习情境一　提供劳务收入的确认

一、提供劳务收入的含义

提供劳务收入是指企业通过提供劳务实现的收入，如咨询公司提供咨询服务、软件开发企业为客户开发软件、安装公司提供安装服务等实现的收入。

二、提供劳务收入的确认原则

企业提供劳务收入的确认原则，因劳务完成时间的不同而不同，具体原则如下。

（1）对于一次就能完成的劳务，应在提供劳务交易完成时确认收入。

（2）在同一会计期间内开始并完成的劳务，应在提供劳务交易完成时确认收入。

（3）劳务的开始和完成分属不同会计期间，可依据以下情况确定：

①提供劳务交易结果能够可靠估计，应采用完工百分比法确认提供劳务收入。

②提供劳务交易结果不能可靠估计，不能采用完工百分比法确认提供劳务收入，此时应当按已经发生的能够得到补偿的劳务成本金额确认劳务收入。

三、提供劳务收入的确认条件

如果企业提供劳务交易的结果能够可靠估计，即同时满足下列 4 个条件，提供劳务收入应当采用完工百分比法确认。

（1）收入的金额能够可靠地计量。这是指提供劳务收入的总额能够合理地估计。

（2）相关的经济利益很可能流入企业。这是指提供劳务收入总额收回的可能性大于不能收回的可能性。

（3）交易的完工进度能够可靠地确定。这是指交易的完工进度能够合理地估计。企业确定提供劳务交易的完工进度，可选用以下方法：①已完工的测量，即由专业测量师对已提供的劳务进行测量，并按一定方法计算并确定提供劳务交易的完工程度；②已经提供的劳务占应提供劳务总量的比例，即主要以劳务量为标准确定提供劳务交易的完工程度；③已经发生的成本占估计总成本的比例，即主要以成本为标准确定提供劳务交易的完工程度。

（4）交易中已发生和将发生的成本能够可靠地计量。

如果企业提供劳务交易结果不能可靠估计，即不能同时满足上述 4 个条件的，不能采用完工百分比法确认提供劳务收入。此时，企业应当正确预计已经发生的劳务成本能否得到补偿，分别按下列情形处理：

①已发生的劳务成本预计全部能够得到补偿的，应按已收或预计能够收回的金额确认提供劳务收入，并结转已经发生的劳务成本。

②已发生的劳务成本预计部分能够得到补偿的，应按能够得到补偿的劳务成本金额确认提供劳务收入，并结转已经发生的劳务成本。

③已发生的劳务成本预计全部不能得到补偿的，应将已经发生的劳务成本计入当期损益（主营业务成本或其他业务成本），不确认提供劳务收入。

课堂讨论

如何理解提供劳务收入的确认？

学习情境二　提供劳务收入的会计核算

一、账户设置

为了总括地反映和监督劳务的提供及劳务收入取得情况，企业应设置“主营业务收入”“主营业务成本”“劳务成本”等账户。其中，“劳务成本”账户用来核算企业对外提供劳务发生的成本。该账户为成本类账户，借方登记劳务成本增加，贷方登记劳务成本结转，期末余额在借方，反映企业尚未完成或尚未结转的劳务成本。该账户应按提供劳务种类进行明细核算。

二、劳务交易的结果能够可靠估计

（一）完工百分比法

企业在资产负债表日提供劳务交易的结果能够可靠估计的，应当采用完工百分比法确认劳务收入。完工百分比法是指按照提供劳务交易的完工进度确认收入和费用的方法。其计算公式如下：

本期确认的劳务收入＝劳务总收入×本期末止劳务完工进度－以前会计期间已确认的收入

本期确认的劳务成本＝劳务总成本×本期末止劳务完工进度－以前会计期间已确认的成本

（二）账务处理

1. 企业采用完工百分比法确认提供劳务收入

（1）发生相关支出：

借：劳务成本

　贷：应付职工薪酬/原材料等

（2）确认劳务收入：

借：银行存款/应收账款/预收账款等

　贷：主营业务收入

　　应交税费——应交增值税（销项税额）

（3）结转提供劳务成本：

借：主营业务成本

　贷：劳务成本

【例3－10】2020年8月1日通达公司接受一项设备安装任务，安装期为6个月，合同总收入为500 000元，至年底已预收安装费320 000元，实际发生安装费用为210 000元，其中人工费80 000元，材料费100 000元，其余耗费均以银行存款支付。估计还会发生安装费用80 000元。假定该公司按实际发生成本占预计总成本的比例来确定劳务的完工进度，且设备安装增值税税率为11%，不考虑其他因素。

实际发生的成本占预计总成本的比例＝210 000÷（210 000＋80 000）×100%＝75%

2020年12月31日确认的劳务收入＝500 000×75%－0＝375 000（元）

2020年12月31日应交增值税＝375 000×11%＝41 250（元）

2020年12月31日结转的劳务成本＝210 000（元）

（1）预收安装费时：

借：银行存款　　320 000

　贷：预收账款　　320 000

（2）实际发生劳务成本时：

借：劳务成本　　210 000

　贷：应付职工薪酬　　80 000

　　原材料　　100 000

　　银行存款　　30 000

（3）2020年12月31日确认劳务收入并结转劳务成本：

借：预收账款　　416 250

　贷：主营业务收入　　375 000

　　应交税费——应交增值税（销项税额）　　41 250

借：主营业务成本　　210 000

　贷：劳务成本　　210 000

2. 企业对于一次就能完成的劳务，不需要采用完工百分比法

（1）劳务完成时直接确认劳务收入：

借：银行存款/应收账款/预收账款等

　贷：主营业务收入

　　应交税费——应交增值税（销项税额）

（2）结转提供劳务成本：

借：主营业务成本

　贷：劳务成本

3. 对于同一会计期间内开始并持续一段时间完成的劳务，也不需要采用完工百分比法

（1）发生相关支出：

借：劳务成本

　贷：应付职工薪酬/原材料等

（2）劳务完成时确认劳务收入：

借：银行存款/应收账款/预收账款等

　贷：主营业务收入

　　　应交税费——应交增值税（销项税额）

（3）结转提供劳务成本：

借：主营业务成本

　贷：劳务成本

【例3－11】2020年3月1日通达公司接受一项设备安装任务，安装期为3个月，合同总收入为200 000元，预收安装费260 000元，实际发生安装费用为180 000元，假定均为安装人员薪酬。设备安装增值税税率为11%，不考虑其他因素。

（1）预收安装费：

借：银行存款　　260 000

　贷：预收账款　　260 000

（2）发生相关支出：

借：劳务成本　　180 000

　贷：应付职工薪酬　　180 000

（3）劳务完成时确认劳务收入：

借：预收账款　　222 000

　贷：主营业务收入　　200 000

　　　应交税费——应交增值税（销项税额）　　22 000

（4）结转提供劳务成本：

借：主营业务成本　　180 000

　贷：劳务成本　　180 000

课堂讨论

在劳务交易结果能够可靠估计的情况下，如何对提供劳务的相关业务进行账务处理？

实践操作

2021年9月1日利华公司与通达公司签订6个月的加工合同，合同约定总价款为

260 000 元（不含税），待加工完毕时一次性收取。至年底实际发生加工成本 80 000 元，其中人工费 50 000 元，材料费 20 000 元，其余耗费均以银行存款支付。估计还会发生加工成本 30 000 元。假定该公司按实际发生成本占预计总成本的比例来确定劳务的完工进度，不考虑其他因素。

要求：对利华公司上述业务作出相关账务处理并正确填制记账凭证。

三、劳务交易的结果不能可靠估计

企业对于劳务交易的结果不能可靠估计的，不能采用完工百分比法。

（1）按已发生的能够得到补偿的劳务成本金额确认劳务收入：

借：银行存款/应收账款/预收账款等

　贷：主营业务收入

　　应交税费——应交增值税（销项税额）

（2）结转已发生的劳务成本：

借：主营业务成本

　贷：劳务成本

【例 3－12】 沿用例 3－10 的数据，假设 2020 年 12 月 31 日通达公司得知对方经营发生困难，剩余劳务费能否收回难以确定。

（1）按已发生的能够得到补偿的劳务成本金额确认劳务收入：

借：预收账款　　355 200

　贷：主营业务收入　　320 000

　　应交税费——应交增值税（销项税额）　　35 200

（2）结转已发生的劳务成本：

借：主营业务成本　　210 000

　贷：劳务成本　　210 000

课堂讨论

劳务交易的结果能够可靠估计与不能可靠估计在账务处理上有何区别？

实践操作

2021 年 10 月 20 日南方公司接受一项职业技能培训任务，培训期为 6 个月，11 月 1 日开学。合同约定培训总费用 30 000 元（不含税），分两次等额支付，第一次在开学时支付，第二次在培训结束时支付。至年底已实际发生培训成本为 10 000 元（假定均为培训人员薪酬）。2022 年 3 月 31 日南方公司得知对方经营发生困难，难以确定剩余培训费能否收回。假定不考虑相关税费。

要求：对南方公司上述业务进行相关账务处理并正确填制记账凭证。

任务三　让渡资产使用权收入

学习情境一　让渡资产使用权收入的确认

一、让渡资产使用权收入的内容

让渡资产使用权收入的内容主要包括让渡无形资产等资产使用权的使用费收入、出租固定资产取得的租金、进行债权投资收取的利息、进行股权投资取得的现金股利等。这里主要介绍让渡无形资产使用费收入的核算。

二、让渡资产使用权收入的确认条件

让渡资产使用权收入同时满足下列条件的，才能予以确认。

1. 相关的经济利益很可能流入企业

企业在确定让渡资产使用权收入是否很可能收回时，应当根据对方企业的信誉和生产经营情况、双方就结算方式和期限等达成的合同或协议条款等因素综合进行判断。若企业估计使用权收入收回的可能性不大，就不应确认收入。

2. 收入的金额能够可靠地计量

当让渡资产使用权收入能够可靠计量时，企业才能确认收入。其收入金额应按合同或协议的收费时间和方法计算确定。若合同或协议规定一次性收取使用费且不提供后续服务的，应当视同销售该项资产一次性确认收入；提供后续服务的，应在合同或协议规定的有效期内分期确认收入。若合同或协议规定分期收取使用费的，应按合同或协议规定的收款时间和金额或规定的收费方法计算确定的金额分期确认收入。

课堂讨论

如何理解让渡资产使用权收入的确认条件？

学习情境二　让渡资产使用权收入的会计核算

一、账户设置

企业让渡资产使用权收入，一般通过“其他业务收入”账户来核算；所让渡资产计提的摊销额等，一般通过“其他业务成本”账户来核算。其中，“其他业务收入”

账户性质与“主营业务收入”账户性质类似，“其他业务成本”账户性质与“主营业务成本”账户性质类似。

二、账务处理

1. 企业确认让渡资产使用权收入

借：银行存款/应收账款等

　贷：其他业务收入

　　　应交税费——应交增值税（销项税额）

2. 对所让渡资产计提摊销及有关支出

借：其他业务成本

　贷：累计摊销等

【例3－13】通达公司2020年8月10日向南方公司转让某专利权的使用权，协议约定转让期5年，每年年末收取使用费100 000元（不含税），增值税税率为6%。该专利权每月计提摊销额为10 000元。假定不考虑其他因素。

（1）2020年年末确认使用费收入：

借：应收账款（或银行存款）	106 000	
贷：其他业务收入		100 000
应交税费——应交增值税（销项税额）		6 000

（2）每月计提专利权摊销额：

借：其他业务成本	10 000	
贷：累计摊销——专利权		10 000

课堂讨论

如何进行让渡资产使用权收入相关业务的账务处理？

实践操作

2021年9月3日通达公司向利华公司转让一项商标使用权，协议约定转让期5年，每年年末收取使用费60 000元（不含税）。该商标使用权的账面价值为100 000元，采用直线法摊销，时长以8年计。假定不考虑其他因素。

要求：对通达公司上述业务作出相关账务处理并正确填制记账凭证。

本项目小结

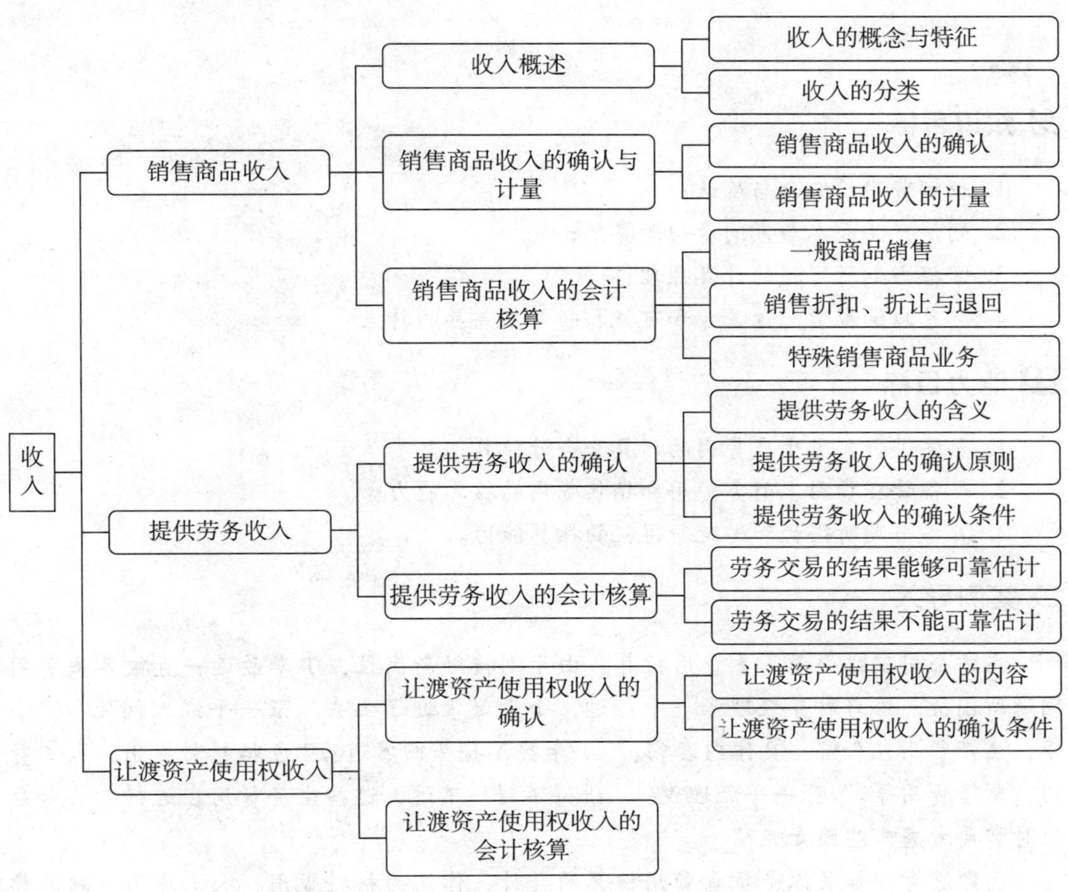
收入
销售商品收入
收入概述
收入的概念与特征
收入的分类
销售商品收入的确认与计量
销售商品收入的确认
销售商品收入的计量
销售商品收入的会计核算
一般商品销售
销售折扣、折让与退回
特殊销售商品业务
提供劳务收入
提供劳务收入的确认
提供劳务收入的含义
提供劳务收入的确认原则
提供劳务收入的确认条件
提供劳务收入的会计核算
劳务交易的结果能够可靠估计
劳务交易的结果不能可靠估计
让渡资产使用权收入
让渡资产使用权收入的确认
让渡资产使用权收入的内容
让渡资产使用权收入的确认条件
让渡资产使用权收入的会计核算

项目四　费用

知识目标

1. 理解费用的概念与确认；
2. 划清产品成本与期间费用的界限；
3. 掌握当期所得税的计算原理；
4. 熟悉应纳税暂时性差异和可抵扣暂时性差异的特点。

能力目标

1. 熟练进行各类生产费用的计算和会计核算；
2. 具备管理费用、财务费用和销售费用的核算能力；
3. 具备当期所得税和递延所得税的核算能力。

案例导入

东方公司安排小李负责费用核算。由于刚接触新岗位，小李最近一直被各项费用问题所困扰。恰好财务经理张一平经过，小李赶紧迎了上去。张一平经理问他："小李，生产费用包含哪些具体内容啊？"小李挠了挠头回答道："包括材料费用、人工费用、制造费用等。"张一平经理说："讲得不错！不过，这些生产费用在进行归集和分配时需要考虑哪些因素呢？"

问题思考：如果你是负责费用核算的会计，你认为材料费用、人工费用、制造费用等生产费用该如何归集和分配？相关会计处理又该如何进行呢？

任务一　费用概述

学习情境一　费用的概念与确认

一、费用的概念

费用是指企业在日常经营活动中发生的、会导致所有者权益减少的、与向所有者分配利润无关的经济利益的总流出。费用特点如下。

1. 费用是企业在日常经营活动中形成的

费用必须是企业在日常经营活动中形成的，这与收入定义中关于日常经营活动的界定相一致。其目的是与损失相区分，企业非日常经营活动形成的经济利益流出不能确认为费用，而应当计入损失。比如，处置固定资产、无形资产等非流动资产，因违约支付罚款、对外捐赠、自然灾害等造成经济利益的总流出，都属于企业的损失而不是费用。

2. 费用会导致所有者权益减少

不会导致所有者权益减少的经济利益总流出不符合费用的定义，不应确认为费用。企业经营活动中的某些支出并不减少企业的所有者权益，比如，以银行存款偿还一项负债，只是资产和负债的等额减少，对所有者权益没有影响，因此不构成企业的费用。

3. 费用导致经济利益的总流出且与向所有者分配利润无关

费用的发生导致经济利益的流出，从而造成资产的减少或负债的增加。企业向所有者分配利润也会导致经济利益的流出，而该经济利益的流出属于所有者权益的抵减项目，不应确认为费用，应当将其排除在费用的定义之外。

二、费用的确认

费用的确认除了应当符合定义外，还应满足以下条件：

（1）与费用相关的经济利益很可能流出企业；

（2）经济利益流出企业的结果会导致资产的减少或负债的增加；

（3）经济利益的流出金额能够可靠地计量。

课堂讨论

如何理解费用的确认？

学习情境二　费用的分类

企业发生的各项费用可以根据不同的标准进行分类。其中最主要的是按照经济内容和经济用途分类。

一、按照经济内容分类

（1）外购材料，指企业为进行生产而耗用的一切从外部购买的原材料及主要材料、半成品、辅助材料、包装物、修理用备件和低值易耗品等。

（2）外购燃料，指企业为进行生产而耗用的从外部购买的各种燃料。

（3）外购动力，指企业为进行生产而耗用的从外部购进的各种动力。

（4）工资，指企业应计入成本费用的职工工资。

（5）职工福利费用，指按照一定比例从成本费用中提取的职工福利费用。

（6）折旧费，指企业按照核定的固定资产折旧率计算提取的折旧费用。

（7）利息支出，指企业应计入成本费用的利息支出减去利息收入之后的净额。

（8）税金，指企业应计入成本费用的各种税金。

（9）其他支出，指不属于以上各要素的费用支出。

二、按照经济用途分类

企业按照经济用途可以将费用分为生产费用和期间费用。

（1）生产费用，指与企业日常生产经营活动有关的费用，包括直接材料、直接人工和制造费用等。

（2）期间费用，指企业本期发生的、不能直接或间接归入产品生产成本，而应直接计入当期损益的各项费用，包括管理费用、销售费用和财务费用。

如何对费用进行分类？

任务二　生产费用

生产费用是指在一定期间内生产产品所发生的直接费用和间接费用的总和。其项目可以根据企业的具体情况自行设定。一般包括直接材料、燃料及动力、直接人工和制造费用等。

对于生产费用，在其进行归集和分配时，应当划清产品成本与期间费用的界限。其中，成本是对象化的费用，是相对于一定的产品而发生的费用，是按照产品品种等成本计算对象对当期发生的费用进行归集形成的。同时，成本与费用是相互转化的。企业对于一定期间发生的直接费用按成本计算对象进行归集，对于间接费用则通过分配计入各成本计算对象使本期费用对象化，转化为成本。

学习情境一　材料费用的归集和分配

材料费用的归集和分配

一、材料费用归集和分配的含义

产品生产中消耗的各种材料物资的货币表现就是材料费用。通常，材料费用包括产品生产中消耗的原料、主要材料、辅助材料和外购半成品等。材料费用的归集和分配是由财务部门在每月终了时，将当月发生应计入成本的全部领料单、限额领料单、退料单等各种原始凭证，按照产品种类和用途进行归集，编制“发出材料汇总表”。对于直接用于制造产品的材料费用，一般直接计入该产品成本计算单中的“直接材料”项目下。

在实际工作中，材料费用的常用分配方法是按照各种产品的材料定额耗用量比例或重量比例分配。归集和分配之后，根据分配的结果编制“发出材料汇总表”，据此登记有关明细账和产品成本计算单。

二、账户设置

为了核算各种产品所发生的各项生产费用，企业应设置“生产成本”“制造费用”等账户。

“生产成本”账户，用来核算企业进行工业性生产所发生的各种生产费用，包括生产各种产成品、自制半成品、提供劳务、自制材料、自制工具以及自制设备等所发生的各项费用。该账户属于成本类账户，借方登记企业发生的各项直接材料、直接人工和制造费用，贷方登记期末按实际成本计价的、生产完工入库的工业产品、自制材料、自制工具以及提供工业性劳务的成本结转，期末余额一般在借方，表示期末尚未完工的在产品成本。该账户应按不同的成本计算对象（包括产品的品种、批次和生产步骤等）进行明细核算。企业可以根据自身生产特点和管理要求，分别以“基本生产成本”和“辅助生产成本”进行明细核算。

“制造费用”账户，用来核算企业为生产产品和提供劳务而发生的各项间接费用。该账户属于成本类账户，借方登记企业发生的各项制造费用，贷方登记期末按照一定的分配方法和分配标准将制造费用在各成本计算对象之间的分配结转，期末应将全部费用都分配结转，不留余额。该账户通常按照不同车间、部门进行明细核算。

三、账务处理

根据“发出材料汇总表”，做出如下账务处理：

借：生产成本

　　制造费用

　　管理费用

　　销售费用

　　在建工程

　　研发支出

　贷：原材料/周转材料等

【例 4－1】 2020 年 8 月通达公司发生的材料费用如表 4－1 所示。

表 4－1　　　　发出材料汇总表

2020 年 8 月 31 日　　　　单位：元

领用部门及用途	原材料	低值易耗品	合计
生产甲产品领用	30 000	—	30 000
基本车间一般耗用	2 000	8 500	10 500
机修车间生产领用	3 500	1 500	5 000
机修车间一般耗用	1 000	850	1 850
行政管理部门领用	300	400	700
销售部门领用	200	350	550
合计	37 000	11 600	48 600

根据表 4－1 中的有关数据，可作出如下账务处理：

借：生产成本——基本生产成本（甲产品）　30 000
　　　　　　——辅助生产成本（机修车间）　5 000
　　制造费用——基本生产车间　10 500
　　　　　　——辅助生产车间（机修车间）　1 850
　　管理费用　700
　　销售费用　550
　贷：原材料　37 000
　　　周转材料——低值易耗品　11 600

课堂讨论

什么是材料费用的归集和分配？如何对材料费用进行归集和分配？

实践操作

2021 年 11 月 20 日通达公司从仓库发出 A 材料 15 000 元、B 材料 5 000 元、生产工具 1 000 元，其中，一车间生产领用 A 材料 10 000 元和生产工具 1 000 元，二车间一般耗用 B 材料 2 000 元，管理部门领用 B 材料 3 000 元，工程部门领用 A 材料 5 000 元。

要求：对通达公司上述业务做出相关账务处理并正确填制记账凭证。

学习情境二　人工费用的归集和分配

人工费用的归集和分配

一、人工费用的归集

人工费用即职工薪酬，指企业为获得职工提供的服务或解除劳动关系而给予的各种形式的报酬或补偿。关于职工薪酬的详细内容，具体可见前述负债项目应付职工薪酬部分。

分配人工费用，也要划清产品成本与期间费用的界限。其中，应计入产品成本的人工费用还应该按成本项目归集：

（1）应由生产产品、提供劳务负担的人工费用，计入产品成本或劳务成本；

（2）应由在建工程负担的人工费用，计入固定资产成本；

（3）应由无形资产负担的人工费用，计入无形资产成本；

（4）除了上述三项以外的人工费用，如公司管理人员的职工薪酬等，难以确定受益对象，均应当在发生时确认为当期损益。

二、人工费用的分配

企业的人工费用应按其发生的地点和用途进行分配。企业人工费用的归集和分配，是根据工资结算凭证和工时统计记录，通过编制“工资结算汇总表”和“工资费用分配表”进行的。相关账务处理如下：

借：生产成本

　　制造费用

　　管理费用

　　销售费用

　　在建工程

　　研发支出

　贷：应付职工薪酬

【例4－2】2020年8月通达公司“工资结算汇总表”如表4－2所示。

表4－2　　工资结算汇总表

2020年8月31日　　单位：元

部门及职工	标准工资	奖金	粮价补贴	副食补贴	应发工资	扣款			实发工资
						家属医药费	房租	小计	
甲车间									
生产工人	7 030	709	216	530	8 485	23	69	92	8 393
车间管理者	810	60	16	65	951		13	13	938
乙车间									
生产工人	6 821	630	188	516	8 155	27	75	102	8 053
车间管理者	695	36	13	56	800	16	18	34	766
供电车间	1 503	130	16	130	1 779	9	31	40	1 739
锅炉车间	1 429	183	20	156	1 788	12	20	32	1 756
管理部门	2 670	148	11	340	3 169	6	43	49	3 120
研发部门	3 520	270	17	401	4 208	3	15	18	4 190
合计	24 478	2 166	497	2 194	29 335	96	284	380	28 955

根据“工资结算汇总表”中的数据，做出如下账务处理：

借：生产成本——基本生产成本——甲车间　　8 485
　　　　　　　　　　　　　——乙车间　　8 155
　　　　　——辅助生产成本——供电车间　　1 779
　　　　　　　　　　　　　——锅炉车间　　1788
　　制造费用——基本生产车间——甲车间　　951
　　　　　　　　　　　　　——乙车间　　800
　　管理费用　　3 169
　　研发支出　　4 208
　贷：应付职工薪酬　　29 335

课堂讨论

什么是人工费用的归集和分配？如何对人工费用进行归集和分配？

实践操作

2021 年 10 月通达公司“工资结算汇总表”如表 4－3 所示。

表 4－3　　工资结算汇总表

2021 年 10 月 31 日　　单位：元

部门及职工	基本工资	岗位工资	应发工资	扣款	实发工资
基本车间					
生产工人	37 800	25 700	63 500	6 590	56 910
车间管理者	1 130	2 620	2 750	500	2 250
管理部门	5 970	9 280	15 250	1 600	13 650
销售部门	3 150	6 820	9 970	1 300	8 670
合计	10 250	18 720	91 470	9 990	81 480

要求：对通达公司上述业务做出相关账务处理并正确填制记账凭证。

学习情境三　制造费用的归集和分配

制造费用的归集和分配

一、制造费用的内容

制造费用是企业为组织和管理生产所发生的各项费用，主要包括企业各个生产部门（分厂、车间）为组织和管理生产所发生的生产管理人员工资、职工福利费、生产部门建筑物及机器设备等的折旧费、机物料消耗、低值易耗品、水电费、办公费、劳动保护费、季节性及修理期间的停工损失及其他制造费用。

制造费用是管理和组织生产发生的间接费用，不是生产产品的直接费用，所以在发生时不能直接计入产品成本，需要通过“制造费用”账户来归集，然后分配计入各种产品成本。当生产一种产品时，制造费用可以直接计入该产品成本；当生产多种产品时，需要将制造费用在不同产品之间进行分配，常用的分配方法有生产工时比例法、生产工人工资比例法、预算分配率法。

二、制造费用的会计核算

（1）制造费用发生时：

借：制造费用

　贷：累计折旧/原材料/周转材料/银行存款/库存现金等

（2）制造费用分配结转时：

借：生产成本

　贷：制造费用

【例4-3】2020年8月通达公司发生的各种制造费用如下。

（1）计提车间使用的固定资产折旧20 000元。

借：制造费用　20 000

　贷：累计折旧　20 000

（2）支付固定资产租金3 000元，以银行存款支付。

借：制造费用　3 000

　贷：银行存款　3 000

（3）以现金200元购买车间办公用品。

借：制造费用　200

　贷：库存现金　200

（4）车间领用一般性消耗材料，实际成本为6 000元。

借：制造费用　6 000

　贷：原材料　6 000

（5）车间领用一批生产工具，价值18 000元，分6个月摊销。

借：周转材料——低值易耗品（在用）　18 000

　贷：周转材料——低值易耗品（在库）　18 000

借：制造费用　3 000

　贷：周转材料——低值易耗品（摊销）　3 000

（6）应付车间管理人员工资5 000元。

借：制造费用　5 000

贷：应付职工薪酬　　5 000

（7）车间办事员李某出差预借款项 1 500 元，报销差旅费 1 000 元。

借：制造费用　　1 000

　　库存现金　　500

　贷：其他应收款——李某　　1 500

（8）分配本月制造费用，其中甲产品负担 20%，乙产品负担 80%。

本月制造费用 = 20 000 + 3 000 + 200 + 6 000 + 3 000 + 5 000 + 1 000 = 38 200（元）

甲产品分担的制造费用 = 38 200 × 20% = 7 640（元）

乙产品分担的制造费用 = 38 200 × 80% = 30 560（元）

借：生产成本——基本生产成本（甲产品）　　7 640

　　　　　　——基本生产成本（乙产品）　　30 560

　贷：制造费用　　38 200

课堂讨论

制造费用的会计核算要考虑哪几个环节？

实践操作

2021 年 11 月通达公司发生的制造费用如下：1 日，车间领用实际成本为 3 500 元的材料，作为一般性消耗；6 日，计提机器设备折旧 5 000 元；9 日，领用一批生产工具 1 200 元；17 日，车间职工张某出差预借款项 2 000 元，实报差旅费 1 500 元；分配本月制造费用，其中甲产品的生产工时为 33 600 小时，乙产品的生产工时为 19 200 小时。

要求：对通达公司上述业务做出相关账务处理并正确填制记账凭证。

学习情境四　辅助生产费用的归集和分配

一、辅助生产费用的内容

辅助生产主要是为基本生产服务的，其所生产的产品和劳务，大部分被基本生产车间和管理部门所消耗，一般很少对外销售。辅助生产按其提供产品或劳务的不同，可以分为以下两类。

（1）只生产一种产品或劳务的辅助生产，如供电、供水、运输、蒸汽等。

（2）生产多种产品或劳务的辅助生产，如机修、工具、模型等。

辅助生产的类型不同，其费用分配和结转的程序也不一样。分配单一产品或劳务的辅助生产费用的方法常用的有直接分配法、一次交互分配法、计划成本分配法、代数分配法和顺序分配法等。其中，直接分配法是指将各辅助生产车间的实际成本，在基本生产车间和管理部门等受益单位之间，按其受益数量进行分配，对于各辅助生产车间相互提供的产品或劳务则不进行分配。其分配公式计算如下：

辅助生产单位成本（分配率）＝辅助生产费用总额/辅助生产劳务量

（不包括提供给辅助生产各车间的劳务量）

各受益单位应分配的费用＝辅助生产单位成本×受益单位耗用的劳务量

下面仅就直接分配法举例说明。

二、辅助生产费用的会计核算

对于单一产品或劳务的辅助生产费用，按照直接分配法可做出如下的账务处理：

借：生产成本——基本生产成本

　　制造费用

　　管理费用

　贷：生产成本——辅助生产成本

【例4－4】通达公司拥有供电、供水两个辅助生产车间。2020年8月供电车间直接发生的费用为115 200元，供水车间直接发生的费用为28 525元，劳务供应通知单中各车间和管理部门耗用的劳务数量如表4－4所示。

表4－4　辅助车间劳务供应通知单

受益部门	耗电（度）	耗水（吨）
供电车间	—	950
供水车间	11 000	—
生产车间		
甲产品车间	82 500	1 575
乙产品车间	65 700	1 235
管理部门	11 800	690
合计	171 000	4 450

按照直接分配法，辅助生产费用分配如表4－5所示。

表4－5　辅助生产费用分配表　数量单位：度、吨　金额单位：元

辅助部门	供电车间	供水车间	合计
分配费用	115 200	28 525	143 725
分配数量	160 000	3 500	—
分配率	0.72	8.15	—

续表

辅助部门			供电车间	供水车间	合计
分配额	甲产品生产成本	数量	82 500	1 575	—
		金额	59 400	12 836. 25	72 236. 25
	乙产品生产成本	数量	65 700	1 235	—
		金额	47 304	10 065. 25	57 369. 25
	管理费用	数量	11 800	690	—
		金额	8 496	5 623. 5	14 119. 5

根据表 4－5 的分配结果，做出如下账务处理：

借：生产成本——基本生产成本（甲产品）　59 400
　　　　　　——基本生产成本（乙产品）　47 304
　　管理费用　8 496
　贷：生产成本——辅助生产成本（供电）　115 200

借：生产成本——基本生产成本（甲产品）　12 836. 25
　　　　　　——基本生产成本（乙产品）　10 065. 25
　　管理费用　5 623. 5
　贷：生产成本——辅助生产成本（供水）　28 525

课堂讨论

辅助生产分为哪几种类型？辅助生产费用如何进行会计核算？

实践操作

通达公司拥有供电、锅炉、机修三个辅助生产车间。2021 年 11 月供电车间发生费用 57 000 元，锅炉车间发生费用 45 000 元，机修车间发生费用 27 000 元。劳务供应通知单中各车间和管理部门耗用的劳务数量如表 4－6 所示。

表 4－6　辅助车间劳务供应通知单

受益单位	供电（千瓦时）	锅炉（吨）	机修（小时）
供电车间	—	1 500	600
锅炉车间	5 000	—	400
修理车间	10 000	1 000	—
基本车间生产甲产品	40 000	3 000	—
基本车间生产乙产品	15 000	1 500	—
基本车间一般耗用	35 000	3 500	4 000
行政管理部门	10 000	2 000	1 500
合计	115 000	12 500	6 500

要求：根据所给资料，采用直接分配法分配辅助生产费用，并正确填制记账凭证。

学习情境五　产品成本的计算与结转

一、正确划分各种成本耗费的界限

1. 正确划分产品成本与期间费用的界限

产品成本是企业为生产产品而发生的各项支出，如为生产产品而消耗的材料费用、生产工人的工资费用、车间为组织产品生产而发生的制造费用等。

期间费用是企业在一定会计期间为生产经营的正常进行而发生的各项费用，必须从当期收入中得到补偿，因此不应计入产品成本，而应当直接计入当期损益。

2. 正确划分各个期间的成本界限

划分各期产品成本的依据是权责发生制。某项耗费是否计入本月产品成本以及计入多少，取决于该耗费是否应由本月负担以及受益量大小，即只要是本月产品的耗费，就应计入本月产品成本；而由以后各月共同受益的耗费，就应在相关期间采用适当方法进行合理分摊。

3. 正确划分各种产品的成本界限

企业发生的各种生产成本，还必须划清应由哪种产品负担。其划分依据是谁受益谁负担。凡是能直接确定应由某种产品负担的直接耗费，就应直接计入该种产品成本；凡是由几种产品共同负担的耗费，则应采用合理的分配标准分别计入各相关产品的生产成本。

4. 正确划分完工产品和期末在产品的成本界限

完工产品是指在一个企业内已完成全部生产过程、按规定标准检验合格、可供销售的产品。完工产品成本是指产品已全部完工时计入该种产品的生产费用总额。

在产品是指企业在生产过程中尚未完工的产品。从广义上讲，在产品包括处于加工中的产品和加工已告一段落的自制半成品。从狭义上说，在产品仅指处于某一加工阶段正在加工的产品。企业应当根据生产特点、月末在产品数量、各项费用的比重和定额管理基础等具体条件，采用适当的方法计算在产品成本。

通过在产品成本的计算，生产费用在完工产品和月末在产品之间进行分配，就可以确定当月的完工产品成本，其计算公式如下：

完工产品成本 = 月初在产品成本 + 本月发生费用 − 月末在产品成本

二、完工产品成本的结转

根据计算出的完工产品成本，从有关“产品成本计算表”中转出，编制“完工产品成本汇总计算表”，进一步计算完工产品的总成本和单位成本。

在计算出本月完工产品成本后，对于验收入库的产成品，应结转成本。

借：产成品

　贷：生产成本

【例4－5】通达公司2020年8月初有甲在产品200件，当月完工甲产品100件，已全部验收入库；月末尚有甲在产品10件。假定甲产品的在产品单位定额成本分别为直接材料300元/件，直接人工500元/件，制造费用50元/件，辅助生产费用0元/件。会计人员根据有关资料编制甲产品的相关成本计算表（见表4－7），并据以编制记账凭证和登记账簿。

表4－7　甲产品成本计算表

产品名称：甲产品　　完工数量：100件　　单位：元、元/件

项目	直接材料	直接人工	制造费用	辅助生产费用	合计
月初在产品成本	60 000	100 000	10 000	0	170 000
本月发生费用	30 000	8 393	7 640	72 236.25	118 269.25
本月全部生产成本	90 000	108 393	17 640	72 236.25	288 269.25
减：月末在产品成本	3 000	5 000	500	0	8 500
本月完工产品成本	87 000	103 393	17 140	72 236.25	279 769.25
完工产品单位成本	870	1 033.93	171.4	722.36	2 797.69

结合前述例4－1～例4－4资料和本例数据，对表4－7的计算结果如下：

本月全部生产成本＝170 000＋118 269.25＝288 269.25（元）

月末在产品成本＝（300＋500＋50）×10＝8 500（元）

本月完工产品总成本＝288 269.25－8 500＝279 769.25（元）

完工产品单位成本＝279 769.25÷100＝2 797.69（元/件）

根据上述计算结果，甲产品成本结转的账务处理如下：

借：产成品——甲产品　　279 769.25

　贷：生产成本——基本生产成本（甲产品）　　279 769.25

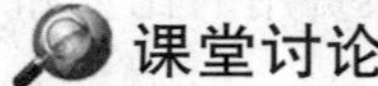

课堂讨论

正确划分各种成本耗费的界限包括哪些内容？完工产品成本如何计算？

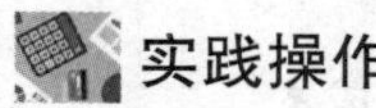

实践操作

通达公司2021年11月生产丙产品，原材料在生产开始时一次性投入，月末在产品按所耗原材料费用计价。月初在产品成本8 300元，本月发生生产费用：直接材料50 000元、人工费用4 000元、制造费用1 500元。本月完工产品100件，月末在产品30件。

要求：计算丙产品完工产品成本和月末在产品成本，编制产品成本计算表，并对

完工产品成本进行结转。

任务三　期间费用

期间费用是指企业当期发生的、不能直接计入某一特定产品成本的费用。期间费用主要包括销售费用、管理费用（含研发费用）、财务费用。

学习情境一　销售费用

一、销售费用的内容

销售费用是指企业在销售商品过程中发生的各项费用以及为销售本企业商品而专设的销售机构（含销售网点、售后服务网点等）的经营费用。具体内容如下。

（1）产品自销费用，包括应由企业负担的包装费、运输费、装卸费和保险费。

（2）产品促销费用，包括展览费、广告费、经营租赁费、销售服务费。

（3）专设销售机构的费用，包括该类机构的职工工资及福利费，以及类似工资性质的费用、业务费等。但是企业内部销售部门所发生的费用，应列入管理费用，而不作为销售费用。

（4）委托代销费用，主要是指企业委托其他单位代销，并按代销合同规定支付的手续费。

（5）商品流通企业的进货费用，包括进货过程中发生的运输费、装卸费、包装费、保险费、运输途中的合理损耗和入库前的挑选整理费等。

二、销售费用的会计核算

企业发生的销售费用通过“销售费用”账户核算，该账户为损益类账户，借方登记销售费用的增加，贷方登记销售费用的结转，期末结转后无余额。该账户按费用项目进行明细核算。相关账务处理如下。

（1）销售费用发生时：

借：销售费用

　　贷：银行存款/库存现金/应付职工薪酬等

（2）销售费用结转时：

借：本年利润

　　贷：销售费用

【例4－6】通达公司2020年10月发生以下销售费用：销售产品时以现金支付应由本公司负担的运输费600元；以银行存款支付展览费1 300元；本月应支付专设销售机构的职工薪酬6 840元，其中工资6 000元，福利费840元。月末将所有销售费用进行结转。

根据上述资料，账务处理如下。

（1）支付运输费。

借：销售费用——运输费　600

　贷：库存现金　600

（2）支付展览费。

借：销售费用——展览费　1 300

　贷：银行存款　1 300

（3）分配职工薪酬。

借：销售费用——工资及福利费　6 840

　贷：应付职工薪酬——工资　6 000

　　　　　　　　——福利费　840

（4）月末结转销售费用。

借：本年利润　8 740

　贷：销售费用（600＋1 300＋6 840）　8 740

课堂讨论

如何对销售费用进行分类？其具体内容包括哪些？

实践操作

2021年12月通达公司发生如下业务：1日，以银行存款支付产品宣传广告费50 000元；13日，以银行存款支付销售过程中发生的运输费3 000元、装卸费800元；19日，以银行存款支付产品保险费2 000元；31日，计算应支付专设销售机构职工工资总额60 000元；31日，计算专设销售机构的房屋折旧费5 600元。月末将上述所有费用进行结转。

要求：对通达公司上述业务作出相关账务处理并正确填制记账凭证。

学习情境二　管理费用

一、管理费用的内容

管理费用是指企业为组织和管理企业生产经营所发生的各项费用。具体内容如下。

（1）企业管理部门发生的直接管理费用，如公司经费。公司经费包括总部管理人员工资、职工福利费、差旅费、办公费、折旧费、修理费、物料消耗、低值易耗品摊销以及其他公司经费。

（2）公司直接管理费用之外的费用，主要包括董事会费、咨询费、聘请中介机构费、诉讼费等。

（3）提供生产技术条件的费用，包括研究费用、无形资产摊销、长期待摊费用摊销。

（4）业务招待费，指企业为业务经营的合理需要而支付的交际应酬费用。

（5）其他费用，指不包括以上各项且列入管理费用的费用。

二、管理费用的会计核算

企业发生的管理费用通过“管理费用”账户核算，该账户为损益类账户，借方登记管理费用的增加，贷方登记管理费用的结转，期末结转后无余额。该账户按费用项目进行明细核算。相关账务处理如下。

（1）管理费用发生时：

借：管理费用

　　贷：银行存款/原材料/累计折旧/应付职工薪酬等

（2）管理费用结转时：

借：本年利润

　　贷：管理费用

【例4－7】 通达公司2020年10月发生以下管理费用：计提管理部门使用的固定资产折旧费3 000元；摊销无形资产1 500元；以银行存款支付业务招待费6 800元；分配管理人员的职工薪酬11 400元，其中工资10 000元，福利费1 400元。月末将所有管理费用进行结转。

根据上述资料，账务处理如下。

（1）计提固定资产折旧费。

借：管理费用——折旧费　　3 000

　　贷：累计折旧　　3 000

（2）摊销无形资产。

借：管理费用——无形资产摊销　　1 500

　　贷：累计摊销　　1 500

（3）支付业务招待费。

借：管理费用——业务招待费　　6 800

　　贷：银行存款　　6 800

（4）分配职工薪酬。

借：管理费用——工资及福利费　　11 400

贷：应付职工薪酬——工资　　10 000

——福利费　　1 400

（5）月末结转管理费用。

借：本年利润　　22 700

贷：管理费用（3 000 +1 500 +6 800 +11 400）　　22 700

课堂讨论

如何对管理费用进行分类？其具体内容包括哪些？

实践操作

2021 年 12 月通达公司发生如下业务：2 日，以银行存款支付业务招待费 30 000 元；8 日，以现金支付专家咨询费 2 000 元；20 日，以银行存款支付行政人员差旅费 1 500 元；31 日，计算管理人员的职工薪酬 22 800 元，其中工资 20 000 元，福利费 2 800 元；31 日，以银行存款支付行政办公、水电费 7 000 元。月末将上述所有费用进行结转。

要求：对通达公司上述业务作出相关账务处理并正确填制记账凭证。

学习情境三　财务费用

一、财务费用的内容

财务费用是指企业为筹集生产经营所需资金而发生的各项费用。具体内容如下。

（1）利息净支出，指企业短期借款利息、长期借款利息、应付票据利息、票据贴现利息、应付债券利息、长期应付引进国外设备款利息等利息支出，减去银行存款等利息收入之后的净额。

（2）汇兑净损失，是企业因向银行结售或购入外汇而产生的银行买入卖出价与记账所采用汇率之间的差额，以及各种外币账户的期末余额按照期末汇率折合的记账本位币金额与账面记账本位币金额之间的差额等。

（3）金融机构手续费，包括发行债券支付的手续费、开具汇票的银行手续费、调剂外汇手续费等。

（4）企业发生的现金折扣或收到的现金折扣。

（5）其他费用，如融资租入固定资产发生的融资租赁费用，以及筹集生产经营资金发生的其他费用等。

二、财务费用的会计核算

企业发生的财务费用应通过“财务费用”账户核算，该账户为损益类账户，借方登记财务费用的增加，贷方登记财务费用的结转，期末结转后无余额。该账户按费用项目进行明细核算。相关账务处理如下。

（1）财务费用发生时：

借：财务费用

　贷：银行存款/库存现金等

或 借：银行存款/库存现金等

　　贷：财务费用

（2）财务费用结转时：

借：本年利润

　贷：财务费用

【例4-8】通达公司2020年10月发生以下财务费用：划拨支付银行借款利息6 000元；银行转来存款利息5 000元；以银行存款支付债券发行手续费3 000元。月末将所有财务费用进行结转。

根据上述资料，账务处理如下：

（1）划拨支付借款利息。

借：财务费用——利息支出	6 000	
贷：银行存款		6 000

（2）收取存款利息。

借：银行存款	5 000	
贷：财务费用——利息收入		5 000

（3）支付发行手续费。

借：财务费用——手续费	3 000	
贷：银行存款		3 000

（4）月末结转财务费用。

借：本年利润	4 000	
贷：财务费用（6 000 - 5 000 + 3 000）		4 000

课堂讨论

如何对财务费用进行分类？其具体内容包括哪些？

实践操作

2021年12月通达公司发生如下业务：5日，以银行存款支付银行手续费500元；9日，因提前支付货款获得现金折扣3 000元；25日，收到银行转来存款利息2 600元；29日，支付银行借款利息4 300元。月末将上述所有费用进行结转。

要求：对通达公司上述业务作出相关账务处理并正确填制记账凭证。

任务四　所得税费用

所得税是根据企业应纳税所得额的一定比例上缴的一种税金。企业利润表中的所得税费用应当包括当期所得税和递延所得税，即所得税费用 = 当期所得税 + 递延所得税。

学习情境一　当期所得税

一、当期所得税的计算原理

当期所得税，指企业对当期发生的交易和事项，按照税法计算确定的应向税务部门交纳的所得税金额，即当期应交所得税。

当期所得税不是利润表中的所得税费用。企业在确定当期所得税时，对于当期发生的交易或事项，会计处理与税收处理是不同的。一般情况下，企业应在税前会计利润（利润总额）的基础上，按照适用税收法规的要求进行调整，计算出当期应纳税所得额，并进一步按照应纳税所得额与适用所得税税率计算确定当期应交所得税，其计算公式如下：

当期所得税 = 应纳税所得额 × 适用的所得税税率

其中，应纳税所得额 = 税前会计利润（利润总额）+ 纳税调整增加额 − 纳税调整减少额。

纳税调整增加额主要包括税法规定允许扣除项目中，企业已计入当期费用但超过税法规定扣除标准的金额。如超过税法规定标准的职工福利费（职工工资及薪金的14%）、工会费（2%）、职工教育经费（8%）、业务招待费、公益性捐赠支出、广告费、业务宣传费，以及企业已计入当期损失但税法规定不允许扣除项目的金额，如税收滞纳金、罚金、罚款。

纳税调整减少额主要包括税法规定允许弥补的亏损和准予免税的项目，如前五年内未弥补亏损和国债利息收入等。

二、当期所得税的会计核算

企业发生的当期应交所得税应通过“所得税费用”账户核算，该账户为损益类账户，借方登记所得税费用的增加，贷方登记所得税费用的结转，期末结转后无余额。该账户按“当期所得税”“递延所得税”项目进行明细核算。有关当期应交所得税的账务处理如下：

借：所得税费用——当期所得税

　贷：应交税费——应交所得税

【例4－9】通达公司2020年度实现利润总额2 000万元，其中，国债利息收入为120万元，实际发生的业务招待费300万元，按照税法规定允许税前扣除的金额为280万元。若无其他纳税调整事项，通达公司适用的所得税税率为25%，则通达公司2020年应交所得税额是多少万元？如何进行账务处理？

根据现行企业所得税法规定，通达公司应在2020年度利润总额的基础上，进行相应调整，其应纳税所得额：2 000－120＋（300－280）＝1 900（万元）。

通达公司2020年应交所得税额＝1 900×25%＝475（万元）

有关账务处理如下：

借：所得税费用——当期所得税　　4 750 000

　贷：应交税费——应交所得税　　4 750 000

当期所得税业务的核算

学习情境二　递延所得税

企业会计准则和税法是基于不同目的、遵循不同原则分别制定的，两者对于资产与负债的计量标准、收入与费用的确认原则等诸多方面存在着一定的分歧，导致企业在一定期间的会计利润与按税法规定计算的应纳税所得额之间产生了差异，其中包含永久性差异和暂时性差异，而暂时性差异的出现便引起递延所得税的形成。

一、会计利润与应纳税所得额之间的差异

1. 永久性差异

永久性差异是指由于会计准则和税法在计算收益、费用或损失时的口径不同，企业某一会计期间所产生的税前会计利润与应纳税所得额之间的差异。例如，企业的国债利息收入，在会计核算上作为投资收益，计入当期利润表，但根据税法规定，不属于应税收入，不计入应纳税所得额；又如，企业支付的违法经营罚款、税收滞纳金等，在会计核算上作为营业外支出，计入当期利润表，但根据税法规定，不允许在税前扣除。

永久性差异的特点是在本期发生，不会在以后各期转回。

2. 暂时性差异

暂时性差异是指资产、负债的账面价值与其计税基础不同产生的差异，该差异的存在将影响未来期间的应纳税所得额。例如，企业会计准则规定，以公允价值计量且其变动计入当期损益的金融资产期末应以公允价值计量，公允价值的变动计入当期损益，但是根据税法规定，金融资产在持有期间的公允价值变动不计入应纳税所得额，

待处置金融资产时，按实际取得成本从处置收入中扣除，因而其计税基础不变，仍然为初始投资成本，由此造成该项金融资产的账面价值与其计税基础之间的差异，该项差异将会影响处置金融资产期间的应纳税所得额。

暂时性差异的特点是其发生于某一会计期间，但在以后某一期或若干期内能够转回。

暂时性差异按照对未来期间应纳税所得额的不同影响，分为应纳税暂时性差异和可抵扣暂时性差异。

（1）应纳税暂时性差异。

应纳税暂时性差异是指在确定未来收回资产或清偿负债期间的应纳税所得额时，将导致产生应税金额的暂时性差异，即该项暂时性差异在未来期间转回时，将会增加转回期间的应纳税所得额和相应的应交所得税。应纳税暂时性差异通常产生于以下情形。

一是资产的账面价值大于其计税基础。这表明，该项资产未来期间产生的经济利益不能全部税前抵扣，两者之间的差额需要缴纳所得税，从而产生应纳税暂时性差异。例如，一项资产的账面价值为500万元，其计税基础为450万元，若某一期间出售该项资产，则会导致其应纳税所得额比会计收益多出50万元，因而属于应纳税暂时性差异。

二是负债的账面价值小于其计税基础。这表明，该项负债在未来期间计税时可予税前扣除的金额为负数，即应在未来期间应纳税所得额的基础上进一步增加应纳税所得额和相应的应交所得税，从而产生应纳税暂时性差异。

（2）可抵扣暂时性差异。

可抵扣暂时性差异是指在确定未来收回资产或清偿负债期间的应纳税所得额时，将导致产生可抵扣金额的暂时性差异，即该项暂时性差异在未来期间转回时，将会减少转回期间的应纳税所得额和相应的应交所得税。可抵扣暂时性差异通常产生于以下情形。

一是资产的账面价值小于其计税基础。这意味着资产在未来期间产生的经济利益小于按照税法规定允许税前扣除的金额，两者之间的差额可以减少企业在未来期间的应纳税所得额，从而减少未来期间的应交所得税，产生可抵扣暂时性差异。例如，企业有一笔应收账款的账面价值为1 000万元，计税基础为1 200万元，期末账面价值小于其计税基础的差额是200万元，将导致应收账款发生实质性损失期间的应纳税所得额比会计收益减少200万元，因而属于可抵扣暂时性差异。

二是负债的账面价值大于其计税基础。这意味着该项负债在未来期间可予税前抵扣的金额为正数，即按照税法规定与该项负债相关的费用支出未来期间计税时可以全部或部分从应税经济利益中扣除，从而减少未来期间的应纳税所得额和相应的应交所得税，产生可抵扣暂时性差异。例如，企业因合同违约而被客户提起诉讼，要求支付违约金，至年末时法院尚未作出判决，企业为此计提了100万元的预计负债。由于税法允许合同违约金在支付时从税前扣除，故该项预计负债的账面价值为100万元，计税基础为0；期末账面价值大于其计税基础的差额100万元，将导致实际支付合同违约金期间的应纳税所得额比会计收益减少100万元，因而属于可抵扣暂时性差异。

（3）特殊项目产生的暂时性差异。

一是未作为资产、负债确认的项目产生的暂时性差异。某些交易或事项发生以后，由于不符合资产、负债的确认条件而未体现为资产负债表中的资产或负债，但按照税法规定确定其计税基础的，其账面价值与计税基础之间的差异也构成暂时性差异。

二是可抵扣亏损及税款抵减产生的暂时性差异。按照税法规定可以结转以后年度的未弥补亏损及税款抵减，虽不是资产、负债的账面价值与计税基础不同导致的，但本质上与可抵扣暂时性差异具有同样的作用，均能减少未来期间的应纳税所得额和相应的应交所得税，应视同可抵扣暂时性差异。

二、资产负债表债务法

1. 资产负债表债务法基本原理

资产负债表债务法是从资产负债表出发，通过比较资产、负债按照企业会计准则规定确定的账面价值与按照税法规定确定的计税基础，将产生的暂时性差异分别确定为应纳税暂时性差异和可抵扣暂时性差异，从而进一步确认相关的递延所得税负债和递延所得税资产，并在此基础上计算出各期递延所得税的一种方法。

在资产负债表债务法下，递延所得税项目分别设置“递延所得税资产”和“递延所得税负债”科目核算，并以“递延所得税资产”和“递延所得税负债”项目分别列示于资产负债表中，从而可以清晰地反映企业的财务状况。

2. 资产负债表债务法的基本核算程序

采用资产负债表债务法进行所得税费用核算时，通常遵循以下六个步骤。

（1）确定一项资产或负债的账面价值；

（2）确定一项资产或负债的计税基础；

（3）分析、计算暂时性差异；

（4）确定递延所得税负债和递延所得税资产的期末余额：

递延所得税负债期末余额＝期末应纳税暂时性差异×适用的所得税税率

递延所得税资产期末余额＝期末可抵扣暂时性差异×适用的所得税税率

（5）确定递延所得税：

递延所得税＝（递延所得税负债期末余额－递延所得税负债期初余额）－（递延所得税资产期末余额－递延所得税资产期初余额）

（6）确定利润表中的所得税费用：

所得税费用＝当期所得税＋递延所得税

三、递延所得税的会计核算

企业发生的递延所得税应通过“所得税费用——递延所得税”账户核算。相关账务处理如下。

递延所得税业务的核算

当递延所得税引起所得税费用增加时：

借：所得税费用——递延所得税

　贷：递延所得税负债（贷方或借方）

　　递延所得税资产（贷方或借方）

当递延所得税引起所得税费用减少时：

借：递延所得税资产（借方或贷方）

　贷：所得税费用——递延所得税

　　递延所得税负债（贷方或借方）

【例4－10】 通达公司适用的所得税税率为25%。2020年度按照税法规定计算的应交所得税为800万元。期末，通过比较该公司资产、负债的账面价值与其计税基础，确定应纳税暂时性差异为1 000万元，可抵扣暂时性差异为500万元，且各类暂时性差异均与直接计入所有者权益的交易或事项无关。通达公司不存在可抵扣亏损和税款抵减，预计在未来期间能够产生足够的应纳税所得额用以抵扣可抵扣暂时性差异。

假定通达公司当年存在下列几种情况，请分别做出关于该公司所得税费用的会计核算。

（1）假定递延所得税资产和递延所得税负债期初余额均为0。

递延所得税负债期末余额＝1 000×25%＝250（万元）

递延所得税资产期末余额＝500×25%＝125（万元）

当期确认的递延所得税负债＝250－0＝250（万元）

当期确认的递延所得税资产＝125－0＝125（万元）

当期确认的递延所得税＝250－125＝125（万元）

当期确认的所得税费用＝800＋125＝925（万元）

相关账务处理如下：

借：所得税费用——当期所得税	8 000 000	
贷：应交税费——应交所得税		8 000 000
借：所得税费用——递延所得税	1 250 000	
递延所得税资产	1 250 000	
贷：递延所得税负债		2 500 000

（2）假定递延所得税资产期初余额为50万元，递延所得税负债期初余额为200万元。

当期确认的递延所得税负债＝250－200＝50（万元）

当期确认的递延所得税资产＝125－50＝75（万元）

当期确认的递延所得税＝50－75＝－25（万元）

当期确认的所得税费用 = 800 - 25 = 775（万元）

相关账务处理如下：

借：所得税费用——当期所得税　　8 000 000

　贷：应交税费——应交所得税　　8 000 000

借：递延所得税资产　　750 000

　贷：所得税费用——递延所得税　　250 000

　　　递延所得税负债　　500 000

（3）假定递延所得税资产期初余额为 200 万元，递延所得税负债期初余额为 300 万元。

当期确认的递延所得税负债 = 250 - 300 = -50（万元）

当期确认的递延所得税资产 = 125 - 200 = -75（万元）

当期确认的递延所得税 = -50 -（-75）= 25（万元）

当期确认的所得税费用 = 800 + 25 = 825（万元）

相关账务处理如下：

借：所得税费用——当期所得税　　8 000 000

　贷：应交税费——应交所得税　　8 000 000

借：所得税费用——递延所得税　　250 000

　　递延所得税负债　　500 000

　贷：递延所得税资产　　750 000

（4）假定递延所得税资产期初余额为 100 万元，递延所得税负债期初余额为 350 万元。

当期确认的递延所得税负债 = 250 - 350 = -100（万元）

当期确认的递延所得税资产 = 125 - 100 = 25（万元）

当期确认的递延所得税 = -100 - 25 = -125（万元）

当期确认的所得税费用 = 800 - 125 = 675（万元）

相关账务处理如下：

借：所得税费用——当期所得税　　8 000 000

　贷：应交税费——应交所得税　　8 000 000

借：递延所得税资产　　250 000

　　递延所得税负债　　1 000 000

　贷：所得税费用——递延所得税　　1 250 000

（5）假定递延所得税资产期初余额为 200 万元，递延所得税负债期初余额为 100 万元。

当期确认的递延所得税负债 = 250 - 100 = 150（万元）

当期确认的递延所得税资产 = 125 - 200 = -75（万元）

当期确认的递延所得税 = 150 -（-75）= 225（万元）

当期确认的所得税费用 = 800 + 225 = 1 025（万元）

相关账务处理如下：

借：所得税费用——当期所得税　　8 000 000

　贷：应交税费——应交所得税　　8 000 000

借：所得税费用——递延所得税　　2 250 000

　贷：递延所得税资产　　750 000

　　递延所得税负债　　1 500 000

【例4－11】通达公司适用的所得税税率为25%。2020年年初递延所得税资产和递延所得税负债均为0，预计该公司会持续盈利。2020年按照税法规定应纳税所得额为2 000万元。当年发生了如下经济业务：

（1）交易性金融资产公允价值变动为600万元；

（2）计提存货跌价准备和固定资产减值准备各1 500万元；

（3）当期确认为无形资产的开发支出3 500万元；

（4）当期确认预计负债300万元。

要求：确定所得税费用，进行相关账务处理。

根据上述资料，编制递延所得税计算表，如表4－8所示。

表4－8　**2020年年末递延所得税计算表**　单位：万元

项目	暂时性差异	
	应纳税暂时性差异	可抵扣暂时性差异
交易性金融资产	600	
存货		1 500
固定资产		1 500
无形资产	3 500	
预计负债		300
合计	4 100	3 300

计算过程如下：

当期所得税＝2 000×25%＝500（万元）

应纳税暂时性差异＝600＋3 500＝4 100（万元）

可抵扣暂时性差异＝1 500＋1 500＋300＝3 300（万元）

递延所得税负债＝4 100×25%＝1 025（万元）

递延所得税资产＝3 300×25%＝825（万元）

当期确认的递延所得税＝1 025－825＝200（万元）

当期确认的所得税费用＝500＋200＝700（万元）

相关账务处理如下：

借：所得税费用——当期所得税　　5 000 000

　　　　　　——递延所得税　　2 000 000

　　递延所得税资产　　8 250 000

　贷：应交税费——应交所得税　　5 000 000

　　　递延所得税负债　　10 250 000

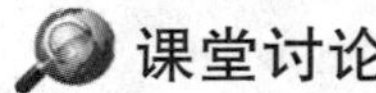

课堂讨论

利用资产负债表债务法计算利润表中的所得税费用需要哪些步骤？其中包括哪些计算公式？

实践操作

南方公司 2021 年年初递延所得税负债余额为 200 万元，递延所得税资产余额为 100 万元。2021 年度，该公司利润表中的利润总额为 3 000 万元，适用的所得税税率为 25%。假定不存在可抵扣亏损和税款抵减，预计在未来期间能够产生足够的应纳税所得额用以抵扣可抵扣暂时性差异。当年南方公司发生如下交易和事项：

（1）交易性金融资产公允价值变动收益为 150 万元；

（2）其他债权公允价值变动收益为 80 万元；

（3）向关联企业捐赠现金 230 万元，按照税法规定，不允许税前扣除；

（4）计提存货跌价准备 120 万元；

（5）计提固定资产折旧费用为 450 万元，按照税法规定允许税前扣除的折旧费用为 500 万元；

（6）违反环保法规定支付罚款 50 万元。

要求：计算南方公司 2021 年度的所得税费用，进行相关账务处理并正确填制记账凭证。

本项目小结

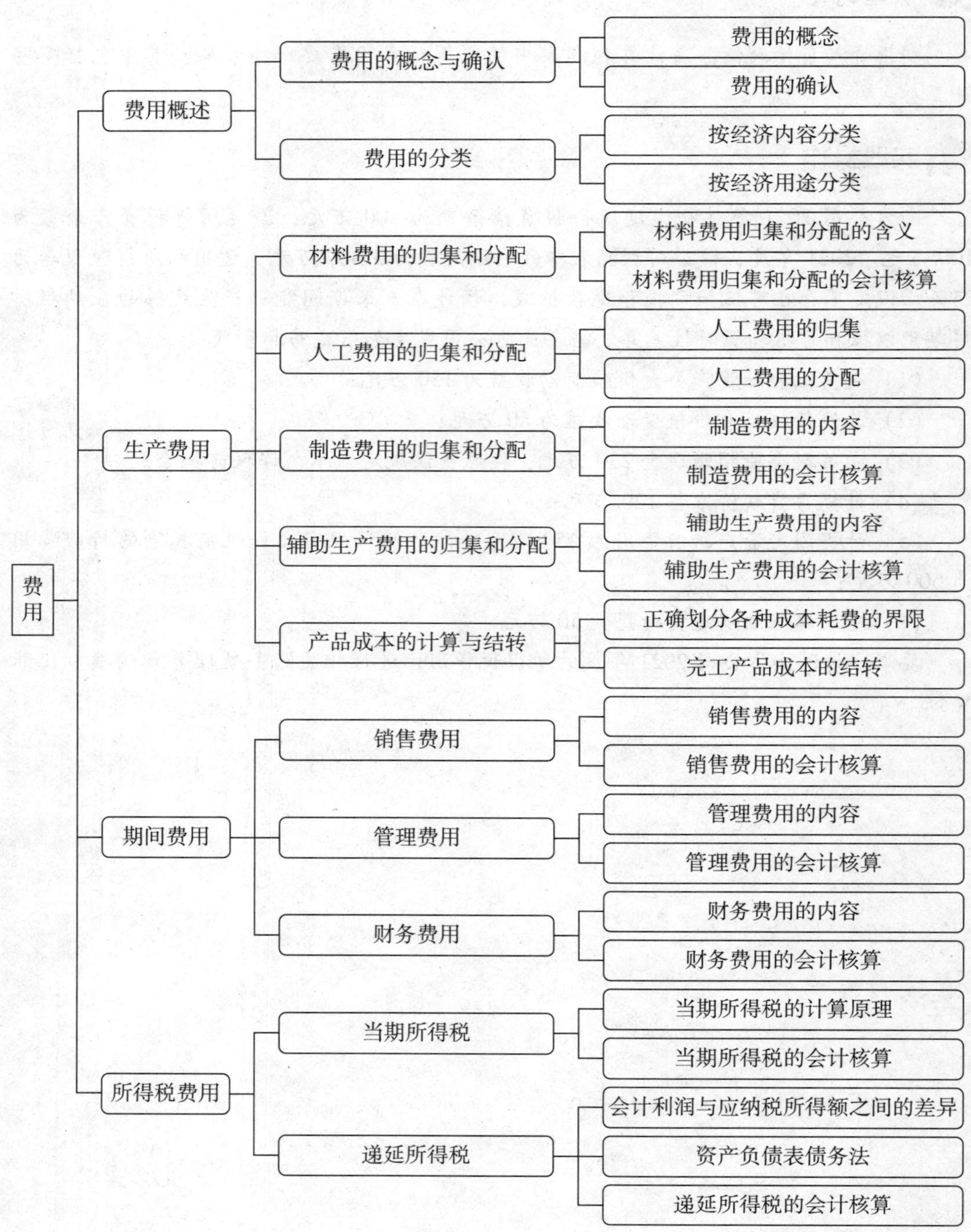
费用
费用概述
费用的概念与确认
费用的概念
费用的确认
费用的分类
按经济内容分类
按经济用途分类
生产费用
材料费用的归集和分配
材料费用归集和分配的含义
材料费用归集和分配的会计核算
人工费用的归集和分配
人工费用的归集
人工费用的分配
制造费用的归集和分配
制造费用的内容
制造费用的会计核算
辅助生产费用的归集和分配
辅助生产费用的内容
辅助生产费用的会计核算
产品成本的计算与结转
正确划分各种成本耗费的界限
完工产品成本的结转
期间费用
销售费用
销售费用的内容
销售费用的会计核算
管理费用
管理费用的内容
管理费用的会计核算
财务费用
财务费用的内容
财务费用的会计核算
所得税费用
当期所得税
当期所得税的计算原理
当期所得税的会计核算
递延所得税
会计利润与应纳税所得额之间的差异
资产负债表债务法
递延所得税的会计核算

项目五　利润形成及分配

知识目标

1. 理解利润的构成；
2. 掌握利润分配的顺序；
3. 熟悉利润分配业务的会计处理方法。

能力目标

1. 熟练进行企业营业利润、利润总额、净利润的计算；
2. 具备利润结转和利润分配的会计核算能力。

案例导入

年末，小李被派到利润核算岗位实习。在正式上岗前，小李把利润形成与分配的相关知识回顾了一下，以备实战使用。财务经理张一平走了过来，拍了拍他的肩膀说："小李，不要紧张，慢慢就会适应的。不过，我还是想考考你，企业利润有几层含义啊？"由于事先复习过了，小李信心十足地给出了答案。张一平经理继续问："挺不错的，小李。那么，这几层利润应该怎么计算呢？还有，利润分配得遵循什么样的顺序？"

问题思考：如果你是小李，应该怎么回答上述问题？相关业务又该如何记录呢？

任务一　利润形成

利润是企业在一定会计期间的经营成果，很大程度上集中反映了企业生产经营的经济利益，反映了企业为社会所做的贡献，也是衡量企业生产经营管理水平的综合性指标。

学习情境一　利润的构成

企业的利润包括收入减去费用后的净额、直接计入当期利润的利得和损失等。即

利润（亏损）=收入-费用+直接计入当期损益的利得-直接计入当期损益的损失

在企业的利润表中，利润有三层含义：营业利润、利润总额和净利润。

一、营业利润

1. 营业利润的含义

营业利润是指企业通过一定期间的日常经营活动取得的利润。

2. 营业利润的构成

营业利润的具体构成，可用下列公式表示：

营业利润=营业收入-营业成本-税金及附加-销售费用-管理费用-
研发费用-财务费用-资产减值损失-信用减值损失+
公允价值变动收益（-公允价值变动损失）+
投资收益（-投资损失）+其他收益+资产处置收益（-资产处置损失）

其中：

营业收入是指企业经营业务所实现的收入总额，包括主营业务收入和其他业务收入。

营业成本是指企业经营业务所发生的实际成本总额，包括主营业务成本和其他业务成本。

税金及附加是指企业经营业务应负担的税金及附加费用，如消费税、城市维护建设税、资源税、教育费附加、房产税、城镇土地使用税、车船税、印花税等。

研发费用是指企业在研究和开发过程中发生的费用化支出，是管理费用的一部分，在利润表中应将其从管理费用中分离出来，单独列报。

其他收益是指与企业日常活动相关、不宜冲减成本费用而计入其他收益的政府补助，如增值税即征即退、与资产相关的政府补助确认为递延收益后的分期摊销额等。

资产处置收益（或损失）是指企业出售划分为持有待售的非流动资产或处置未划分为持有待售的固定资产、在建工程、无形资产等产生的处置利得或损失。

二、利润总额

1. 利润总额的含义

利润总额是指企业一定期间的营业利润，加上营业外收入减去营业外支出后的所得税税前利润总金额。

2. 利润总额的构成

利润总额的具体构成，可用下列公式表示：

利润总额=营业利润+营业外收入-营业外支出

其中：

营业外收入是指企业取得的与日常经营活动没有直接关系的各项利得，主要包括非流动资产毁损报废利得、债务重组利得、罚没利得、政府补助利得、无法支付的应付款项、捐赠利得、盘盈利得等。

营业外支出是指企业发生的与日常经营活动没有直接关系的各项损失，主要包括非流动资产毁损报废损失、债务重组损失、罚款支出、捐赠支出、盘亏损失等。

三、净利润

1. 净利润的含义

净利润是指企业一定期间的利润总额减去所得税费用后的净额。

2. 净利润的计算

净利润的计算可用下列公式表示：

净利润 = 利润总额 − 所得税费用

其中，所得税费用是指企业按照企业会计准则规定确认的、应从当期利润总额中扣除的当期所得税和递延所得税。

【例5－1】 2020 年 12 月 31 日，通达公司根据各项收入、利得及各项费用、支出、损失等编制的损益类账户余额表如表 5－1 所示。

表 5－1　　　　**损益类账户余额表**　　　　单位：万元

账户名称	借方余额	账户名称	贷方余额
主营业务成本	3 000	主营业务收入	6 000
其他业务成本	1 300	其他业务收入	1 500
税金及附加	50	其他收益	100
销售费用	350	投资收益	500
管理费用	300	公允价值变动损益	30
其中：研发费用	120	营业外收入	200
财务费用	150		
资产减值损失	90		
信用减值损失	50		
资产处置损益	80		
营业外支出	160		
所得税费用	450		
合计	5 980		8 330

根据上述资料，通达公司 2020 年度的利润构成情况计算如下：

营业利润 =（6 000 + 1 500） −（3 000 + 1 300） − 50 − 350 − 300 − 150 − 90 − 50 + 30 + 500 + 100 − 80 = 2 760（万元）

利润总额 = 2 760 + 200 − 160 = 2 800（万元）

净利润 =2 800 - 450 =2 350（万元）

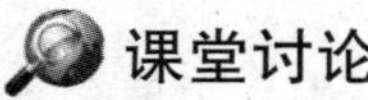

在企业利润表中，利润是如何构成的？

学习情境二　利润结转的会计核算

会计期（月）末，企业应将各项收入、利得及各项费用、支出、损失等损益类账户余额进行结转，年度终了，再将收支相抵后结出的本年所实现的净利润或发生的净亏损进行结转。

一、损益类账户余额的结转

1. 账户设置

为了核算当年实现的净利润或发生的净亏损，企业应设置“本年利润”账户。该账户贷方登记企业当期所实现的各项收入和利得，借方登记企业当期所发生的各项费用、支出及损失。期末余额如在贷方，表示当期实现的净利润，期末余额如在借方，则表示当期发生的净亏损。

2. 账务处理

对于企业当期实现的各项收入和利得，应结转至“本年利润”账户的贷方，具体账务处理如下：

借：主营业务收入

　　其他业务收入

　　公允价值变动损益（借方表示净收益，贷方表示净损失）

　　投资收益（借方表示净收益，贷方表示净损失）

　　资产处置损益（借方表示净收益，贷方表示净损失）

　　营业外收入

　贷：本年利润

损益类账户余额结转的核算

对于企业当期发生的各项费用、支出及损失，应结转至“本年利润”账户的借方，具体账务处理如下：

借：本年利润

　贷：主营业务成本

　　　其他业务成本

　　　税金及附加

　　　销售费用

　　　管理费用

财务费用
资产减值损失
信用减值损失
营业外支出
所得税费用

【例5－2】沿用例5－1的资料，2020年12月31日通达公司对各损益类账户余额进行结转。

借：主营业务收入　60 000 000
　其他业务收入　15 000 000
　其他收益　1 000 000
　投资收益　5 000 000
　公允价值变动损益　300 000
　营业外收入　2 000 000
　贷：本年利润　83 300 000

借：本年利润　59 800 000
　贷：主营业务成本　30 000 000
　　其他业务成本　13 000 000
　　税金及附加　500 000
　　销售费用　3 500 000
　　管理费用　3 000 000
　　财务费用　1 500 000
　　资产减值损失　900 000
　　信用减值损失　500 000
　　资产处置损益　800 000
　　营业外支出　1 600 000
　　所得税费用　4 500 000

净利润＝本年利润贷方发生额－本年利润借方发生额＝83300000－59800000＝23500000（元）

二、净利润的结转

1. 账户设置

年度终了，为了核算“本年利润”账户转入的余额，以及核算企业利润的分配或亏损的弥补情况，企业应设置“利润分配”账户。该账户为所有者权益类账户，贷方登记自“本年利润”账户转入的本期已实现利润，借方登记应交的所得税、提取的盈余公积金和应分配给投资者的利润。期末余额在贷方表示未分配利润，期末余额在借方表示未弥补亏损。该账户按照“未分配利润”“提取法定盈余公积”“提取任意盈余公积”“应付股利”“盈余公积补亏”等进行明细核算。

2. 账务处理

年度终了，企业将“本年利润”账户余额结转入“利润分配”账户，结转后，“本年利润”账户无余额。具体账务处理如下。

若企业当年盈利，则：

借：本年利润

　贷：利润分配——未分配利润

若企业当年亏损，则：

借：利润分配——未分配利润

　贷：本年利润

净利润结转的核算

【例5－3】利用例5－1和例5－2的计算结果，2020年12月31日通达公司有关净利润结转的账务处理如下：

借：本年利润　　23 500 000

　贷：利润分配——未分配利润　　23 500 000

三、本年利润的结转方法

根据会计制度，可以每月结转损益科目，也可以每月不结转，待年底时一次性结转。每月结转的方法叫作账结法，年底一次性结转的方法叫作表结法。

1. 账结法

账结法是指每月月末均需编制转账凭证，将在账上结计出的各损益类账户的余额转入“本年利润”账户。结转后“本年利润”账户的本月合计数反映当月实现的利润或发生的亏损，“本年利润”账户的本年累计数反映本年累计实现的利润或发生的亏损。

账结法下，各月均可通过“本年利润”账户提供当月及本年累计的利润（亏损）额，但增加了转账环节的工作量。

2. 表结法

表结法是指各损益类账户每月月末只需结计出本月发生额和月末累计余额，不结转到“本年利润”账户，只在年末时才将全年累计余额转入“本年利润”账户。但每月月末要将损益类账户的本月发生额合计数填入利润表的本月数栏，同时将本月末累计余额填入利润表的本年累计数栏，通过利润表计算反映各期的利润（亏损）。

表结法下，年中每月损益类账户余额无须结转入“本年利润”账户，从而减少了转账环节的工作量，同时并不影响利润表的编制及有关损益指标的利用。

课堂讨论

面对会计期间产生的各项收入、利得以及各项费用、支出、损失等，企业应如何进行利润的结转？

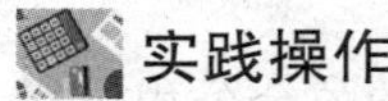
实践操作

2021年年末，利华公司根据各项收入、利得及各项费用、支出、损失等编制的损益类账户余额表如表5－2所示。

表5－2　　损益类账户余额表　　单位：万元

账户名称	借方余额	账户名称	贷方余额
主营业务成本	81 000	主营业务收入	5 600
其他业务成本	3 900	其他业务收入	2 300
税金及附加	5 315	投资收益	900
销售费用	1 050	营业外收入	800
管理费用	3 500	公允价值变动损益	70
财务费用	1 100	资产处置损益	50
营业外支出	1 600		
所得税费用	2 250		

要求：分步计算利华公司各项利润，做出利润结转的相关会计核算，并正确填制记账凭证。

任务二　利润分配

利润分配是指企业根据国家有关规定和企业章程、投资者协议等，对企业当年可供分配的利润在投资主体和企业之间进行划分。通过利润分配，一方面，可以满足企业投资者获得投资回报的要求，另一方面，也是企业留存收益积累的源泉。

学习情境一　利润分配顺序

一、弥补以前年度亏损

企业发生的亏损，可以用以后年度实现的税前利润进行弥补，但连续弥补期限不得超过5年。超过5年的亏损用税后净利润弥补。

企业当期实现的净利润加上年初未分配利润（减去年初未弥补亏损）和其他转入后的余额，即为可供分配的利润。只有可供分配的利润大于0时，企业才能进行后续分配。

二、提取盈余公积

盈余公积是企业按规定从净利润中提取的积累资金。公司制企业的盈余公积包括法定盈余公积和任意盈余公积。

1. 法定盈余公积

法定盈余公积一般是指国家规定企业必须从税后利润扣除弥补以前年度亏损后，按计提比例10%所提取的盈余公积。当法定盈余公积累计金额达到企业注册资本的50%及以上时，可以不再提取。

2. 任意盈余公积

任意盈余公积是股份制企业按照公司章程或股东大会的决议，从可向投资者分配的利润中提取的公积金，其提取金额与用途由公司自行决定。

盈余公积可以用于弥补亏损、扩大再生产或者转增资本、分配股利。用盈余公积转增资本后，留存的盈余公积不得少于转增前企业注册资本的25%。

三、向投资者分配利润

企业在弥补亏损、提取盈余公积后所剩余的税后利润，可以向所有者分配。

公司制企业向所有者分配利润的形式主要有现金股利和股票股利两种。其中，现金股利是指以现金形式将税后利润的一部分支付给所有者，不会减少或增加资本；股票股利则是以公司额外发行股票的形式将税后利润的一部分分派给所有者，虽不影响所有者权益总额，但会引起所有者权益内部结构的调整，减少企业的“未分配利润”账户金额，增加“股本”账户金额。

企业的可供分配利润，在经过上述分配后，若有剩余即为未分配利润，其计算公式如下：

年末的未分配利润 = 当年实现的净利润 + 年初未分配利润（－年初未弥补亏损）+ 其他转入 － 当年实际分配的利润

【例5－4】 通达公司2020年12月31日年末结账前，“利润分配——未分配利润”账户的贷方余额为50 000元。当年该公司“本年利润”账户贷方余额为83 600元。按相关规定法定盈余公积计提比例为10%，任意盈余公积计提比例为5%，现金股利分配比例为30%。

根据上述资料，通达公司按净利润的10%、5%分别计提法定盈余公积、任意盈余公积，并按30%计算分配现金股利，其计算过程如下：

法定盈余公积 = 83 600 × 10% = 8 360（元）

任意盈余公积 = 83 600 × 5% = 4 180（元）

现金股利 = 83 600 × 30% = 25 080（元）

年末结账后未分配利润 = 50 000 + 83 600 － 8 360 － 4 180 － 25 080 = 95 980（元）

课堂讨论

在理解企业的利润分配顺序时，应注意哪些方面？

实践操作

南方公司2021年12月31日年末结账前，“利润分配——未分配利润”账户的借方余额为3 000元。当年该公司“本年利润”账户贷方余额为60 500元。按相关规定法定盈余公积计提比例为10%，任意盈余公积计提比例为5%，现金股利分配比例为50%。

要求：计算南方公司各利润分配项目和年末结账后的未分配利润。

学习情境二　利润分配业务核算

一、弥补以前年度亏损

企业弥补以前年度亏损有三种渠道：税前利润补亏、税后利润补亏、盈余公积补亏。

一般先是用以后年度的税前利润弥补，如果连续5年仍没有弥补完，则按规定5年后只能用税后利润弥补。

用利润弥补以前年度亏损，无论是税前利润还是税后利润补亏，均无须专门进行会计核算。因为亏损和盈利，在企业年终结账后，均结转至“利润分配——未分配利润”账户，该账户的借方（亏损额）自然会与贷方（盈利额）相抵。用税前利润补亏与用税后利润补亏的区别在于，应纳所得税额不同。

如果以后年度仍然亏损，或者即使盈利但仍不能将亏损弥补完，则可以考虑动用盈余公积补亏；盈余公积是以前的净利润中提取的积累，企业积累的目的是应对将来的困难和危机，因此盈余公积主要用来弥补亏损、分配股利及转增资本，当盈余公积弥补亏损时，盈余公积会减少，未弥补的亏损减少。

用盈余公积弥补亏损时，账务处理如下：

（1）企业用盈余公积弥补亏损时：

借：盈余公积

　贷：利润分配——盈余公积补亏

（2）年末结转盈余公积补亏时：

借：利润分配——盈余公积补亏

　贷：利润分配——未分配利润

二、提取盈余公积

企业按照规定从净利润中提取法定盈余公积和任意盈余公积，其账务处理如下。

（1）提取盈余公积时：

借：利润分配——提取法定盈余公积

　　　　　　——提取任意盈余公积

　贷：盈余公积——法定盈余公积

　　　　　　　——任意盈余公积

（2）年末结转所提取的盈余公积时：

借：利润分配——未分配利润

　贷：利润分配——提取法定盈余公积

　　　　　　　——提取任意盈余公积

三、分配现金股利

企业以现金股利形式向所有者分配利润时，账务处理如下。

（1）分配现金股利时：

借：利润分配——应付现金股利

　贷：应付股利——现金股利

（2）年末结转所分配的现金股利时：

借：利润分配——未分配利润

　贷：利润分配——应付现金股利

四、派发股票股利

企业经股东大会或类似机构决议给股东分配股票股利时，账务处理如下。

（1）分配股票股利时：

借：利润分配——转作股本的股利

　贷：股本

　　　资本公积——股本溢价（按上述差额）

（2）年末结转所分派的股票股利时：

借：利润分配——未分配利润

　贷：利润分配——转作股本的股利

五、年末结账

年末，企业“利润分配”账户除了“未分配利润”明细项目外，其他明细项目的余额都结转为0，反映年末可供分配的利润。

六、核算举例

【例5－5】通达公司2020年12月31日结账前“利润分配——未分配利润”账户

有借方金额30 000元，属于以前年度产生的尚未弥补亏损；2020年该公司“本年利润”账户有借方余额50 000元。经股东大会决议，用以前年度累积的法定盈余公积弥补以前年度亏损。

根据上述资料，通达公司有两种情况的亏损：一是以前年度亏损30 000元，用已有盈余公积弥补；二是当年亏损50 000元，可以用以后年度的盈利弥补。相关账务处理如下。

（1）结转本年利润：

借：利润分配——未分配利润　　50 000

　贷：本年利润　　50 000

（2）利用盈余公积弥补以前年度亏损：

借：盈余公积——法定盈余公积　　30 000

　贷：利润分配——盈余公积补亏　　30 000

（3）年末结转盈余公积补亏：

借：利润分配——盈余公积补亏　　30 000

　贷：利润分配——未分配利润　　30 000

【例5-6】 通达公司2020年净利润为600 000元，分别按10%、5%提取法定盈余公积、任意盈余公积，按20%分派现金股利；同时，经过股东大会决议，分派股票股利，共增发每股面值1元的普通股股票5 000股，每股市价2.5元，公司办理了增资手续。

根据上述资料，通达公司利润分配情况计算如下：

提取的法定盈余公积 = 600 000 × 10% = 60 000（元）

提取的任意盈余公积 = 600 000 × 5% = 30 000（元）

分配的现金股利 = 600 000 × 20% = 120 000（元）

分派的股票股利 = 2.5 × 5 000 = 12 500（元）

股本 = 1 × 5 000 = 5 000（元）

上述业务的相关账务处理如下。

（1）结转本年利润：

借：本年利润　　600 000

　贷：利润分配——未分配利润　　600 000

（2）对利润进行分配：

借：利润分配——提取法定盈余公积　　60 000

　　　　　　——提取任意盈余公积　　30 000

　　　　　　——应付现金股利　　120 000

　　　　　　——转作股本的利润　　12 500

　贷：盈余公积——法定盈余公积　　60 000

　　　　　　——任意盈余公积　　30 000

应付股利——现金股利　　120 000
股本　　5 000
资本公积——股本溢价　　7 500

（3）利润分配结转：

借：利润分配——未分配利润　　222 500
　贷：利润分配——提取法定盈余公积　　60 000
　　　　　　——提取任意盈余公积　　30 000
　　　　　　——应付现金股利　　120 000
　　　　　　——转作股本的利润　　12 500

课堂讨论

企业弥补亏损可以有哪些渠道，如何弥补？

实践操作

利华公司 2021 年实现净利润为 800 000 元，年初有未弥补亏损 30 000 元。根据当年利润分配方案，从税后利润扣除弥补以前年度亏损的金额中，按 10%、3% 分别计提法定盈余公积、任意盈余公积，并分派现金股利 90 000 元和股票股利 10 000 股（每股面值 1.5 元，每股市价 2 元）。2021 年 3 月 15 日，公司将现金股利发放到位并办理了增资手续。

要求：对利华公司上述利润分配业务进行核算，并正确填制记账凭证。

本项目小结

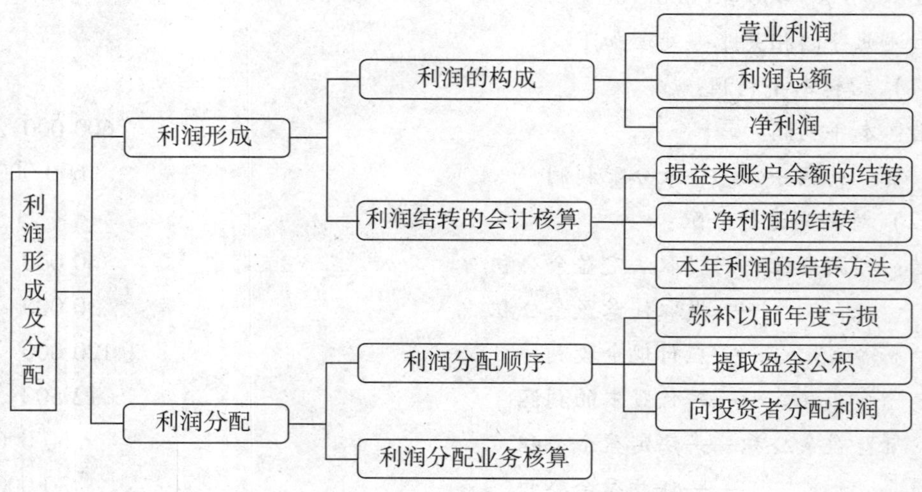

项目六　财务报告

知识目标

1. 理解财务报告的构成与编制要求；
2. 掌握资产负债表、利润表的编制方法；
3. 了解现金流量表、所有者权益变动表的功能和编制原理。

能力目标

1. 根据科目余额表及相关资料，编制资产负债表、利润表、现金流量表和所有者权益变动表；
2. 根据企业会计准则要求，在报表附注中披露相关信息；
3. 按照会计基本规范，将财务报表装订成册。

案例导入

编制财务报表是财务人员最常见的工作内容之一。对于初任会计的小李来说，虽然已经知道企业的几大财务报表，但是当面临编制财务报表时仍然是一脸茫然。欲要懂其果，必先知其因。小李立即去找资深会计老王寻求帮助。

会计老王说："这样吧，我先给你讲一个故事。"小李开心地说："太好了，我最喜欢听故事了。"

于是会计老王就饶有兴致地讲了起来："从前有家企业主想犒劳工人，拿出了900元钱让一个名叫张三的人去筹备一顿饭局。可是张三需要考虑几个问题，一顿饭需要花多少钱、钱不够了怎么筹备、这些钱都能买什么东西等，把这些问题统计起来，就形成了一份简单的'财务报表'。"

老王喝了口茶，接着讲："张三怕钱不够，就向李四借了200元（这属于负债），加上自己本来有的900元（这属于所有者权益），于是张三一共有1 100元（这属于资产）。这些资金状况统计起来，就是'资产负债表'。

"但是由于工人太多，桌椅不够用，于是张三花费了20元向附近的饭馆租借几套桌椅，又到集市买了许多蛋肉果菜等。后来企业主怕钱不够用，又给了张三300元钱，多出来的算作辛苦费。于是张三心里打起了小算盘：除去材料、租金等费用，再还给李四200元钱，自己还可以剩80元钱。把这些钱列出一张账单，其实就是我们熟知的‘利润表’。

“聚餐过后，张三发现厨房里还剩一只鸡。那么这只鸡是退还给卖家换钱，还是再买几只鸡留着以后下蛋呢？不同的选择会导致不同的现金流动，把这些问题统计起来，就是‘现金流量表’。”

最后会计老王语重心长地说：“小李啊，很多问题其实并不复杂。以上三种表其实就是我们熟知的三大财务报表的基础模型了，只不过随着经济的发展，企业的体制和资金形式在不断地变化，进而报表变得更加复杂。财务人员的产生，又使资金的管理更加专业化。在日常工作中，只要我们善于思考，做事细心，其实财务工作并没有想象中那么困难。”

问题思考：作为财务小白，你将如何理解各类财务报表的内涵和特征？如何编制各类财务报表呢？

任务一　财务报告概述

学习情境一　财务报告的概念、构成及分类

一、财务报告的概念与构成

1. 财务报告的概念

财务报告又称财务会计报告，指企业正式对外揭示或表述财务信息的总结性书面文件。我国《企业会计准则——基本准则》认为，财务报告是企业对外提供的反映企业某一特定日期的财务状况和某一会计期间的经营成果、现金流量等会计信息的文件。

财务报告是单个会计主体会计核算的最终成果，是会计信息的主要载体，是沟通会计主体与会计信息使用者的桥梁和纽带。

2. 财务报告的构成

在我国，从严格意义上说，财务报告应当包括财务报表、附注、审计报告和企业自己披露的信息。但一般认为，财务报告是由财务报表及其附注组成。

（1）财务报表。

财务报表是财务报告的核心，是根据公认的会计准则，以表格形式概括反映企业财务状况、经营成果、现金流量和所有者权益变动的书面文件。主要包括资产负债表、利润表、现金流量表、所有者权益变动表。

（2）财务报表附注。

财务报表附注是为了便于报表使用者理解财务报表的内容，而对财务报表的编制基础、编制依据、编制方法等所做的解释，对报表项目做出文字描述或提供明细资料。同时，受到财务报表格式及内容的限制，在财务报表中无法体现的数据可以通过报表附注做进一步的补充说明。

二、财务报告的分类

财务报告的分类主要是指财务报表的分类。财务报表可以按照不同的标准分类。

1. 按照反映的经济内容，财务报表可分为静态报表和动态报表

静态报表是指综合反映企业某一特定日期资产、负债和所有者权益状况的报表，如资产负债表。动态报表是指综合反映企业一定期间的经营成果、现金流量、所有者权益变动情况的报表，如利润表、现金流量表、所有者权益变动表。

2. 按照编报时间，财务报表可分为中期财务报表和年度财务报表

中期财务报表是指以少于一个完整会计年度的报告期间为基础编制的财务报表，包括月报、季报和半年报。其中，月报要求简明扼要、反映及时；季报和半年报在披露会计信息的详细程度方面，介于月报和年报之间；年度财务报表即年报则要求揭示完整、反映全面。

3. 按照报送对象，财务报表可分为内部报表和外部报表

内部报表是指为了满足企业内部经营管理的需要而编制的财务报表。由于无须对外公开，所以内部报表没有规定统一的格式和编制要求。外部报表是指企业对外提供的财务报表，主要提供给投资者、债权人、政府部门和社会公众等有关方面使用。《企业会计准则》对外部报表规定了统一的格式和编制要求。

4. 按照编制单位，财务报表可分为单位报表和合并报表

单位报表又称个别报表，是由企业在自身会计核算的基础上，对账簿记录进行汇总而编制的财务报表。合并报表是以母公司和子公司组成的企业集团为会计主体，根据母公司和所属子公司的财务报表，由母公司编制的综合反映企业集团财务状况、经营成果及现金流量的财务报表。

课堂讨论

什么是财务报告？财务报告由哪些部分组成？财务报告有哪些类型？

学习情境二 财务报告的编制要求及准备工作

一、财务报告的编报要求

根据《中华人民共和国会计法》规定，财务报告编制的基本要求是数字真实、计算准确、内容完整、报送及时。财务报告编制的具体要求如下。

1. 关于编制依据的要求

编制财务报告，必须根据经过审核无误的会计账簿记录和有关资料进行，做到数字真实，计算准确、内容完整、说明清楚，任何人不得篡改或者授意、指使、强令他人篡改财务报告的有关数字。

2. 关于编制格式的要求

编制财务报告，应当根据国家统一的会计制度规定的格式和要求进行，认真编写财务报表附注及其说明，做到项目齐全、内容完整。

3. 关于编制标准一致的要求

企业向不同的会计资料使用者提供的财务报告，其编制的依据应当一致。根据相关法律规定，财务报表之间、财务报表各项目之间，凡有对应关系的数字，应当相互一致；本期财务报表与上期财务报表之间有关的数字应当相互衔接；如果不同会计年度财务报表中各项目的内容和核算方法有变更的，应当在年度财务报表中加以说明。

二、财务报告编制前的准备工作

在编制财务报告前准备阶段，主要进行的工作如下。

1. 检查当期业务是否全部入账

认真检查当期发生的各项经济业务是否已全部填制记账凭证，并据以登记与业务相关的总分类账、明细分类账和日记账。检查时尤其应注意有无将当期经济业务推移至下期入账或下期经济业务提前至当期入账的情况，如有上述情况，应于结账前分别进行相应处理。

2. 根据权责发生制原则整理（调整）账簿记录

在实行权责发生制的企业，应按照当期发生的权利和责任计算收入与支出的要求，确定当期经营成果；需要编制调整分录，据以整理账簿记录。整理记录包括应计账项调整和期末账项结转。其中，应计账项调整有按工资总额规定比例提取应付福利费、工会经费；按规定比例提取机器设备的折旧费；预提当月应负担银行借款利息；计算当期应付税金等事项。

期末账项结转有将当期的全部销售收入、营业外收入结转至本年利润账户；将与收入对应的销售成本、销售税金、销售费用、营业外支出同时结转至本年利润账户；将已发放工资分配计入各有关账户；汇总结转当期的材料消耗，确定期末库存材料成本；汇集间接费用，将其分配结转至生产成本账户；计算完工产品成本，结转到产成品账户；计算销售成本，结转至销售成本账户等事项。

3. 核对账簿记录，保证账账相符

财务报表主要依据账簿资料所编制，为保证报表指标的正确无误，必须在编制报表前检查账簿记录的正确性。核对账目包括内部核对和外部核对两方面。内部核对是要将总账账户的借方余额合计与贷方余额合计相核对。外部核对以往来款项为对象，如与国家税务部门之间应交税款、已交税款的核对，与银行之间借款、还款的核对等。通过账目的内部核对和外部核对，保证账账相符，为编制财务报表准备前提条件。

4. 清查财产保证账实相符

为保证财务报表指标的真实可信，还要求账簿所记录的各项财产结存情况应与实际结存情况保持一致，因此，要进行账实核对，以确保账实相符。在编制财务报表前，按照有关规定应对全部财产进行财产清查。对于清查中出现的盘盈、盘亏和损失等情况，应编制相应的会计分录，并据以登记入账，使各项财产的账面记录结存数与实际结存数保持一致，为编制财务报表打好客观基础。

5. 结束当期账簿记录

在确认当期发生的经济业务、调整账项及有关转账业务已全部登记入账后，分别结计总分类账、日记账、明细分类账各账户的当期发生额和余额，结束本期账簿记录。企事业单位不得在办理结账手续前编制财务报表，也不得为赶编财务报表而提前结账。

课堂讨论

财务报告有何编制要求？财务报告编制前需要做好哪几个方面的准备工作？

任务二　资产负债表的编制

学习情境一　资产负债表的内容与格式

一、资产负债表的内容

1. 资产负债表的含义

资产负债表又称财务状况表，是反映企业在某一特定日期财务状况的报表。资产负债表提供企业在特定日期所拥有或控制的经济资源、承担的债务责任和所有者拥有的权益等方面的会计信息。

2. 资产负债表的具体内容

资产负债表是基于会计恒等式“资产 = 负债 + 所有者权益”，以一定分类标准和顺序，对企业特定日期的资产、负债、所有者权益三方面内容进行排列编制而成的。

通过资产，可以了解企业拥有或控制的经济资源及其分布情况，是分析企业生产经营能力的重要资料。

通过负债，可以了解企业所负担的债务总额及结构，分析企业的偿债能力。

通过所有者权益，可以了解投资者在企业资产中所占的份额，分析所有者权益的构成情况。

通过前后期资产负债表的比较，可以了解企业资金结构的变化情况和未来财务状况的变动趋势。

二、资产负债表的格式

资产负债表一般有表首、正表两部分。其中，表首概括地说明报表名称、编制单位、编制日期、报表编号、货币名称、计量单位等。正表是资产负债表的主体，列示了用以说明企业财务状况的各个项目。在国际上，资产负债表正表的格式一般有两种：报告式资产负债表和账户式资产负债表。报告式资产负债表是上下结构，上半部列示资产，下半部列示负债和所有者权益。其具体排列形式又有两种：一是按“资产 = 负债 + 所有者权益”的原理排列；二是按“资产 - 负债 = 所有者权益”的原理排列。账户式资产负债表是左右结构，左边列示资产，右边列示负债和所有者权益。不管采取什么格式，“资产 = 负债 + 所有者权益”这一等式不变。

按照我国《企业会计准则》的规定，企业的资产负债表一般采用账户式。账户式资产负债表分为左右两方。

左方为资产项目，大体按资产的流动性大小排列，流动性大的资产如“货币资金”“交易性金融资产”等排在前面，流动性小的资产如“长期股权投资”“固定资产”等排在后面。

右方为负债及所有者权益项目，一般按要求清偿时间的先后顺序排列，“短期借款”“应付票据”“应付账款”等需要在一年以内或者长于一年的一个正常营业周期内偿还的流动负债排在前面，“长期借款”等在一年以上才需偿还的非流动负债排在中间，在企业清算之前不需要偿还的所有者权益项目排在后面。

同时，账户式资产负债表中的每个项目又分为“期末余额”和“年初余额”两栏分别填列。

账户式资产负债表的具体格式如表 6 - 1 所示。

表 6 - 1　　　　　　　　　　**资产负债表**

会企 01 表

编制单位：通达公司　　　　　　2019 年 12 月 31 日　　　　　　单位：元

资产	期末余额	年初余额	负债和股东权益	期末余额	年初余额
流动资产：			流动负债：		
货币资金	2 372 000		短期借款	300 000	
交易性金融资产	85 000		交易性金融负债		
衍生金融资产			衍生金融负债		

续表

资产	期末余额	年初余额	负债和股东权益	期末余额	年初余额
应收票据	300 000		应付票据	200 000	
应收账款	290 800		应付账款	950 000	
应收款项融资			预收款项		
预付款项			合同负债		
其他应收款	11 000		应付职工薪酬	22 800	
存货	882 000		应交税费	500	
合同资产			其他应付款	67 500	
持有待售资产			持有待售负债		
一年内到期的非流动资产			一年内到期的非流动负债		
其他流动资产			其他流动负债		
流动资产合计	3 940 800		流动负债合计	1 540 800	
非流动资产：			非流动负债：		
债权投资			长期借款	420 000	
其他债权投资			应付债券		
长期应收款			租赁负债		
长期股权投资	200 000		长期应付款		
其他权益工具投资			预计负债		
其他非流动金融资产			递延收益		
投资性房地产			递延所得税负债		
固定资产	685 000		其他非流动负债		
在建工程	2 600 000		非流动负债合计	420 000	
生产性生物资产			负债合计	1 960 800	
油气资产			股东权益：		
使用权资产			股本	5 000 000	
无形资产	230 000		其他权益工具		
开发支出			资本公积		
商誉			减：库存股		
长期待摊费用	100 000		其他综合收益		
递延所得税资产			专项储备		
其他非流动资产			盈余公积	655 000	
非流动资产合计	3 815 000		未分配利润	140 000	
			股东权益合计	5 795 000	
资产合计	7 755 800		负债和股东权益合计	7 755 800	

课堂讨论

企业为什么要编制资产负债表？在我国，资产负债表的具体格式是什么样的？

学习情境二　资产负债表的编制方法

一、资产负债表编制的资料来源

为了提供比较信息，编制资产负债表时，表中各项目均需填列“期末余额”和“年初余额”两栏，其中，“年初余额”栏各项数字，应根据上年末资产负债表的“期末余额”栏所列对应数字填列。如果本年度资产负债表规定的各项目名称和内容与上年度不一致，应对上年年末资产负债表各项目名称和数字按照本年度规定进行调整，填入本年度资产负债表“年初余额”栏内。

本年“期末余额”栏各项金额应根据企业所登记总账和明细账的余额，以及部分会计凭证数据进行填列。

二、资产负债表“期末余额”的填列方法

资产负债表“期末余额”栏各项目的填列方法如下。

1. 根据总账期末余额直接填列

资产负债表中大部分项目的“期末余额”栏可以根据有关总账期末余额直接填列，如交易性金融资产、固定资产清理、递延所得税资产、短期借款、交易性金融负债、应付票据、应付职工薪酬、应交税费、递延所得税负债、预计负债、实收资本、资本公积、盈余公积等项目。这些项目中，应交税费等负债项目，如果其相应账户出现借方余额，应以“－”号填列；固定资产清理等资产项目，如果其相应账户出现贷方余额，也应以“－”号填列。

2. 根据有关总账期末余额计算填列

资产负债表中一部分项目的“期末余额”栏需要根据有关总账期末余额计算填列。

（1）货币资金项目，应根据“库存现金”“银行存款”和“其他货币资金”等账户的期末余额合计填列。

（2）存货项目，应根据“材料采购（或在途物资）”“原材料”“周转材料”“库存商品”“委托加工物资”“生产成本”等账户的期末余额之和，减去“存货跌价准备”账户期末余额后的金额填列。材料采用计划成本核算，以及库存商品采用计划成本或售价核算的企业，还应按加或减材料成本差异、商品进销差价后的金额填列。

（3）其他应收款项目，应根据“其他应收款”“应收股利”“应收利息”等账户的期末余额合计填列；“其他应付款”应根据“其他应付款”“应付股利”“应付利息”

等账户的期末余额合计填列。

（4）固定资产项目，应根据“固定资产”账户的期末余额减去“累计折旧”“固定资产减值准备”账户期末余额后的净额填列。

（5）在建工程、长期股权投资和持有至到期投资项目，均应根据其相应总账账户的期末余额减去其相应减值准备后的净额填列。其中，在建工程项目期末余额还应包括“工程物资”账户的期末余额。

（6）无形资产项目，应根据“无形资产”账户的期末余额减去“累计摊销”“无形资产减值准备”账户期末余额后的净额填列。

（7）长期待摊费用项目，根据“长期待摊费用”账户期末余额扣除其中将于一年内摊销的数额后的金额填列，将于一年内摊销的数额填列在“一年内到期的非流动资产”项目内。

（8）长期借款和应付债券项目，应根据“长期借款”和“应付债券”账户的期末余额，扣除其中在资产负债表日起一年内到期、且企业不能自主地将清偿义务展期的部分后的金额填列，在资产负债表日起一年内到期、且企业不能自主地将清偿义务展期的部分在流动负债类下的“一年内到期的非流动负债”项目内反映。

（9）未分配利润项目，应根据“本年利润”账户和“利润分配”账户的期末余额计算填列，如为未弥补亏损，则在本项目内以“－”号填列，年末结账后，“本年利润”账户已无余额，“未分配利润”项目应根据“利润分配”账户的年末余额直接填列，贷方余额以正数填列，如为借方余额，应以“－”号填列。

3. 根据明细账期末余额分析计算填列

资产负债表中一部分项目的“期末余额”栏需要根据有关明细账期末余额分析计算填列。

（1）应收账款项目，应根据“应收账款”账户和“预收账款”账户所属明细账户的期末借方余额合计数，减去“坏账准备”账户中有关应收账款计提的坏账准备期末余额后的金额填列。

（2）预付款项项目，应根据“预付账款”账户和“应付账款”账户所属明细账户的期末借方余额合计数，减去“坏账准备”账户中有关预付款项计提的坏账准备期末余额后的金额填列。

（3）应付账款项目，应根据“应付账款”账户和“预付账款”账户所属明细账户的期末贷方余额合计数填列。

（4）预收款项项目，应根据“预收账款”账户和“应收账款”账户所属明细账户的期末贷方余额合计数填列。

（5）应收票据、应收股利、应收利息、其他应收款项目应根据各相应账户的期末余额，减去“坏账准备”账户中相应各项目计提的坏账准备期末余额后的金额填列。

三、资产负债表编制举例

下面举例说明资产负债表的编制过程。

【例6－1】通达公司为增值税一般纳税人，适用的增值税税率为13%，所得税税率为25%。2019年年末的资产负债表如表6－1所示，2020年年末该公司各账户余额汇总如表6－2所示。

表6－2 通达公司年末账户余额表

2020年12月31日 单位：元

账户名称	借方余额	账户名称	贷方余额
库存现金	2 100	坏账准备	10 060
银行存款	1 217 066	存货跌价准备	17 690
其他货币资金	22 000	长期股权投资减值准备	4 500
交易性金融资产	28 800	累计折旧	235 000
应收账款	503 000	固定资产减值准备	84 000
其他应收款	4 500	累计摊销	320 000
预付账款	50 000	短期借款	300 000
材料采购	200 000	应付票据	100 000
原材料	138 000	应付账款	675 000
周转材料	20 000	预收账款	75 000
库存商品	283 600	其他应付款	65 000
材料成本差异	1 000	应付职工薪酬	51 000
长期股权投资	300 000	应付股利	81 145
固定资产	3 625 200	应交税费	132 916
工程物资	152 100	长期借款	1 632 500
在建工程	670 000	递延所得税负债	17 700
无形资产	1 200 000	股本	4 200 000
开发支出	20 000	资本公积	233 300
长期待摊费用	100 000	盈余公积	171 555
		利润分配——未分配利润	131 000
合计	8 537 366	合计	8 537 366

有关账户的明细资料如下。

（1）“应收账款”账户下属明细借方余额合计550 000元，“应收宏伟公司”明细余额为贷方47 000元；“应付账款”账户下属明细贷方余额合计698 000元，“应付南方公司”明细余额为借方23 000元；“预付账款”账户下属明细账户余额全部在借方；

“预收账款”账户下属明细账户贷方余额合计85 000元，“预收利华公司”明细余额为借方10 000元。

（2）“长期借款”账户下有一年内到期的借款312 000元。

（3）“坏账准备”账户全部为“应收账款”账户计提。

根据上述资料，通达公司2020年12月31日资产负债表具体项目填列分析如下。

（1）“货币资金”项目期末余额的填列：

货币资金项目＝库存现金期末余额＋银行存款期末余额＋其他货币资金期末余额
＝2 100＋1 217 066＋22 000＝1 241 166（元）

（2）“应收账款”“预付款项”“应付账款”“预收款项”项目期末余额的填列：

应收账款项目＝应收账款明细借方余额合计＋预收账款明细借方余额合计－坏账准备期末余额＝550 000＋10 000－10 060＝549 940（元）

预付款项项目＝预付账款明细借方余额合计＋应付账款明细借方余额合计
＝50 000＋23 000＝73 000（元）

应付账款项目＝应付账款明细贷方余额合计＋预付账款明细贷方余额合计
＝698 000＋0＝698 000（元）

预收款项项目＝应收账款明细贷方余额合计＋预收账款明细贷方余额合计
＝47 000＋85 000＝132 000（元）

（3）“存货”项目期末余额的填列：

存货项目＝材料采购期末余额＋原材料期末余额＋周转材料期末余额＋库存商品期末余额＋材料成本差异期末借方余额－存货跌价准备期末余额
＝200 000＋138 000＋20 000＋283 600＋1 000－17 690＝624 910（元）

（4）“长期股权投资”项目期末余额的填列：

长期股权投资项目＝长期股权投资期末余额－长期股权投资减值准备期末余额
＝300 000－4 500＝295 500（元）

（5）“固定资产”项目期末余额的填列：

固定资产项目＝固定资产期末余额－累计折旧期末余额－固定资产减值准备期末余额
＝3 625 200－235 000－84 000＝3 306 200（元）

（6）“在建工程”项目期末余额的填列：

在建工程项目＝在建工程期末余额＋工程物资期末余额
＝670 000＋152 100＝822 100（元）

（7）“无形资产”项目期末余额的填列：

无形资产项目＝无形资产期末余额－累计摊销期末余额
＝1 200 000－320 000＝880 000（元）

（8）“其他应付款”项目期末余额的填列：

其他应付款项目＝其他应付款期末余额＋应付股利期末余额

＝65 000＋81 145＝146 145（元）

（9）“长期借款”“一年内到期的非流动负债”项目期末余额的填列：

长期借款项目＝长期借款期末余额－一年内到期的借款金额

＝1 632 500－312 000＝1 320 500（元）

一年内到期的非流动负债项目＝312 000（元）

除了上述项目外，其余项目根据对应账户余额直接填列，通达公司2020年12月31日资产负债表编制如表6－3所示。

表6－3　资产负债表

会企01表

编制单位：通达公司　　2020年12月31日　　单位：元

资产	期末余额	年初余额	负债和股东权益	期末余额	年初余额
流动资产：			流动负债：		
货币资金	1 241 166	2 372 000	短期借款	300 000	300 000
交易性金融资产	28 800	85 000	交易性金融负债	0	0
衍生金融资产	0	0	衍生金融负债	0	0
应收票据	0	300 000	应付票据	100 000	200 000
应收账款	549 940	290 800	应付账款	698 000	950 000
应收款项融资	0	0	预收款项	132 000	0
预付款项	73 000	0	合同负债	0	0
其他应收款	4 500	11 000	应付职工薪酬	51 000	22 800
存货	624 910	882 000	应交税费	132 916	500
合同资产	0	0	其他应付款	146 145	67 500
持有待售资产	0	0	持有待售负债	0	0
一年内到期的非流动资产	0	0	一年内到期的非流动负债	312 000	0
其他流动资产	0	0	其他流动负债	0	0
流动资产合计	2 522 316	3 940 800	流动负债合计	1 872 061	1 540 800
非流动资产：			非流动负债：		
债权投资	0	0	长期借款	1 320 500	420 000
其他债权投资	0	0	应付债券	0	0
长期应收款	0	0	租赁负债	0	0
长期股权投资	295 500	200 000	长期应付款	0	0
其他权益工具投资	0	0	预计负债	0	0
其他非流动金融资产	0	0	递延收益	0	0
投资性房地产	0	0	递延所得税负债	17 700	0
固定资产	3 306 200	685 000	其他非流动负债	0	0
在建工程	822 100	2 600 000	非流动负债合计	1 338 200	420 000
生产性生物资产	0	0	负债合计	3 210 261	1 960 800

续表

资产	期末余额	年初余额	负债和股东权益	期末余额	年初余额
油气资产	0	0	股东权益：		
使用权资产	0	0	股本	4 200 000	5 000 000
无形资产	880 000	230 000	其他权益工具	0	0
开发支出	20 000	0	资本公积	233 300	0
商誉	0	0	减：库存股	0	0
长期待摊费用	100 000	100 000	其他综合收益	0	0
递延所得税资产	0	0	专项储备	0	0
其他非流动资产	0	0	盈余公积	171 555	655 000
非流动资产合计	5 423 800	3 815 000	未分配利润	131 000	140 000
			股东权益合计	4 735 855	5 795 000
资产合计	7 946 116	7 755 800	负债和股东权益合计	7 946 116	7 755 800

课堂讨论

资产负债表中各项目期末余额的填列方法分为哪几种？请逐一举例说明。

实践操作

沿用例 6－1 中通达公司 2020 年 12 月 31 日所编制的资产负债表资料。假定 2021 年年末该公司各账户余额汇总如表 6－4 所示。

表 6－4　　通达公司年末账户余额表

2021 年 12 月 31 日　　单位：元

账户名称	借方余额	账户名称	贷方余额
库存现金	1 800	坏账准备	11 700
银行存款	1 418 300	存货跌价准备	10 000
交易性金融资产	20 000	累计折旧	2 780 000
应收票据	0	累计摊销	20 000
应收账款	805 000	短期借款	150 000
应收股利	0	应付票据	341 250
其他应收款	5 000	应付账款	950 000
原材料	300 000	其他应付款	60 000
周转材料	162 000	应付职工薪酬	102 600
库存商品	599 380	应交税费	12 557. 50
长期股权投资	400 000	应付股利	21 955. 49
固定资产	4 768 000	应付利息	6 000

续表

账户名称	借方余额	账户名称	贷方余额
工程物资	186 000	长期借款	1 020 000
在建工程	2 299 800	股本	5 000 000
无形资产	230 000	盈余公积	658 617. 25
长期待摊费用	100 000	利润分配——未分配利润	150 599. 76
合计	11 295 280	合计	11 295 280

要求：根据通达公司2020年12月31日的资产负债表和2021年年末账户余额表，编制该公司2021年12月31日的资产负债表。

任务三 利润表的编制

学习情境一 利润表的内容与格式

一、利润表的内容

1. 利润表的含义

利润表又称收益表、损益表，是反映企业在某一会计期间的经营成果的报表。通过利润表，企业可以把一定期间的收入与相关费用进行配比，用以计算一定期间的净利润（亏损）。

2. 利润表的内容

利润表是以“利润＝收入－费用”这一等式为理论依据编制的，具体按照收入、费用以及构成利润的利得、损失等各个项目分类分项列示。

收入、收益、利得应当按照其重要性分项列示：营业收入、投资净收益、公允价值变动净收益、其他收益、营业外收入等。

成本、费用、损失等按其性质分项列示：营业成本、税金及附加、销售费用、管理费用、财务费用、资产减值损失、营业外支出、所得税费用等。

二、利润表的格式

利润表一般有表首、正表两部分。其中，表首概括地说明报表名称、编制单位、编制日期、报表编号、货币名称、计量单位等；正表是利润表的主体，列示了用以说明企业经营成果的各个项目。表中每一项目都均需填列“本期金额”和“上期金额”

两栏数字，其中，“上期金额”栏根据各项目的上一期实际发生数；“本期金额”主要根据各损益类账户的发生额分析填列，某些项目还需要通过一定的计算才能填列。

目前在国际上，利润表正表的格式一般有两种：单步式利润表和多步式利润表。其中，单步式利润表是将本期所有收入汇总，然后将所有费用汇总，两者相减得出当期净损益。多步式利润表是按收入与相关费用配比，通过多个步骤计算求得当期损益。我国企业的利润表采用多步式格式，以营业利润、利润总额、净利润三步利润反映企业的经营成果，具体格式如表 6－6 所示。

课堂讨论

企业为什么要编制利润表？在我国，利润表的具体格式是什么样的？

学习情境二　利润表的编制方法

一、利润表各项目的填列

利润表反映企业在一定期间内利润（或亏损）的实现情况，具体填列方法如下。

1. 营业利润填列

（1）营业收入项目，反映企业经营的主要业务和其他业务所确认的收入总额，本项目应根据“主营业务收入”“其他业务收入”账户的发生额分析填列。

（2）营业成本项目，反映企业经营的主要业务和其他业务所确认的成本总额，本项目应根据“主营业务成本”“其他业务成本”账户的发生额分析填列。

（3）税金及附加项目，反映企业经营业务应负担的消费税、城市维护建设税、资源税、土地增值税和教育费附加等。本项目应根据“税金及附加”账户的发生额分析填列。

（4）销售费用项目，反映企业在销售商品过程中发生的包装费、广告费等和为销售本企业商品而专设的销售机构职工薪酬、业务费等经营费用。本项目应根据“销售费用”账户的发生额分析填列。

（5）管理费用项目，反映企业为组织和管理生产经营而发生的各类费用。本项目应根据“管理费用”账户的发生额分析填列。

（6）研发费用项目，反映企业进行研究与开发过程中发生的费用化支出。本项目应根据“管理费用”账户下“研发费用”明细账的发生额分析填列。

（7）财务费用项目，反映企业筹集生产经营所需资金而发生的筹资费用。本项目应根据“财务费用”账户的发生额分析填列。

（8）资产减值损失项目，反映企业计提各项资产减值准备所形成的损失。本项目应根据“资产减值损失”账户的发生额分析填列。

(9) 信用减值损失项目，反映企业计提各项金融工具减值准备所形成的预期信用损失。本项目应根据“信用减值损失”账户的发生额分析填列。

(10) 其他收益项目，反映企业计入营业利润的政府补助等。本项目应根据“其他收益”账户的发生额分析填列。

(11) 投资收益项目，反映企业以各种方式对外投资所取得的收益或发生的损失。本项目应根据“投资收益”账户的发生额分析填列。如为投资损失，以“-”号填列。

(12) 净敞口套期收益项目，反映净敞口套期下被套期项目累计公允价值变动转入当期损益的金额或现金流量套期储备转入当期损益的净额。本项目应根据“净敞口套期损益”账户的发生额分析填列。如为损失，以“-”号填列。

(13) 公允价值变动收益项目，反映企业应当计入当期损益的资产或负债的公允价值变动收益。本项目应根据“公允价值变动损益”账户的发生额分析填列。如为净损失，以“-”号填列。

(14) 资产处置收益项目，反映企业出售划分为持有待售资产的非流动资产或处置时确认的处置利得或损失。本项目应根据“资产处置损益”账户的发生额分析填列。如为处置损失，以“-”号填列。

(15) 营业利润项目，反映企业实现的营业利润。本项目以营业收入为基础，减去营业成本、税金及附加、销售费用、管理费用、财务费用、资产减值损失、信用减值损失，加上其他收益、公允价值变动收益（减去公允价值变动损失）、投资净收益（减去投资损失）等填列。如为亏损，以“-”号填列。

2. 利润总额填列

(1) 营业外收入项目和营业外支出项目，反映企业发生的营业利润以外的收益和支出。这两个项目分别根据“营业外收入”账户和“营业外支出”账户的发生额分析填列。

(2) 利润总额项目，反映企业实现的利润总额。本项目以营业利润为基础，加上营业外收入，减去营业外支出填列。如为亏损，以“-”号填列。

3. 净利润填列

(1) 所得税费用项目，反映企业确认的应从当期利润中扣除的所得税费用。本项目应根据“所得税费用”账户的发生额分析填列。

(2) 净利润项目，反映企业实现的净利润。本项目以利润总额为基础，减去所得税费用填列。如为净亏损，以“-”号填列。

4. 其他综合收益的税后净额填列

反映企业根据会计准则规定未在损益中确认的各项利得和损失扣除所得税影响后的净额。

5. 综合收益填列

反映企业净利润与其他综合收益税后净额的合计金额。

6. 每股收益填列

反映普通股或潜在普通股已公开交易的企业，以及正处于公开发行普通股或潜在普通股过程中的企业每股收益信息，包括基本每股收益和稀释每股收益。

二、利润表编制举例

下面举例说明利润表的编制过程。

【例6－2】通达公司2020年年末损益类账户发生额如表6－5所示。

表6－5　损益类账户发生额　单位：元

账户名称	借方发生额	贷方发生额
主营业务收入		500 000
其他业务收入		300 000
投资收益		6 000
主营业务成本	230 000	
其他业务成本	105 000	
税金及附加	1 000	
销售费用	60 000	
管理费用	130 000	
财务费用	8 000	
资产减值损失	9 000	
信用减值损失	3 500	
营业外支出	20 000	
所得税费用	58 100	

另外，通达公司拥有发行在外普通股股数200万股，本期未增发股份，也不存在稀释性股份。

通达公司上年资料略。

根据上述资料，通达公司2020年利润表具体项目填列分析如下。

（1）营业利润各项目的填列：

营业收入＝主营业务收入贷方发生额＋其他业务收入贷方发生额＝500 000＋300 000＝800 000（元）

营业成本＝主营业务成本借方发生额＋其他业务成本借方发生额＝230 000＋105 000＝335 000（元）

税金及附加＝税金及附加借方发生额＝1 000（元）

销售费用＝销售费用借方发生额＝60 000（元）

管理费用＝管理费用借方发生额＝130 000（元）

财务费用 = 财务费用借方发生额 = 8 000（元）

资产减值损失 = 资产减值损失借方发生额 = 9 000（元）

信用减值损失 = 信用减值损失借方发生额 = 3 500（元）

投资净收益 = 投资收益贷方发生额 = 6 000（元）

营业利润 = 营业收入 - 营业成本 - 税金及附加 - 销售费用 - 管理费用 - 财务费用 - 资产减值损失 - 信用减值损失 + 投资净收益
= 800 000 - 335 000 - 1 000 - 60 000 - 130 000 - 8 000 - 9 000 - 3 500 + 6 000 = 259 500（元）

（2）利润总额各项目的填列：

营业外收入 = 营业外收入贷方发生额 = 0（元）

营业外支出 = 营业外支出借方发生额 = 20 000（元）

利润总额 = 营业利润 + 营业外收入 - 营业外支出 = 259 500 + 0 - 20 000 = 239 500（元）

（3）净利润各项目的填列：

所得税费用 = 所得税费用借方发生额 = 58 100（元）

净利润 = 利润总额 - 所得税费用 = 239 500 - 58 100 = 181 400（元）

（4）基本每股收益项目的填列：

基本每股收益 = 净利润 ÷ 发行在外普通股股数 = 181 400 ÷ 2 000 000 = 0.0907（元/股）

通达公司 2020 年编制的利润表如表 6 - 6 所示。

表 6 - 6　　利润表

会企 02 表

编制单位：通达公司　　2020 年　　单位：元

项目	本期金额	上期金额（略）
一、营业收入	800 000	
减：营业成本	335 000	
税金及附加	1 000	
销售费用	60 000	
管理费用	130 000	
研发费用		
财务费用	8 000	
其中：利息费用	8 000	
利息收入		
资产减值损失	9 000	
信用减值损失	3 500	
加：其他收益		

续表

项目	本期金额	上期金额（略）
投资收益（损失以“－”号填列）	6 000	
其中：对联营企业和合营企业的投资收益		
净敞口套期收益（损失以“－”号填列）		
公允价值变动收益（损失以“－”号填列）		
资产处置收益（损失以“－”号填列）		
二、营业利润（亏损以“－”号填列）	259 500	
加：营业外收入	0	
减：营业外支出	20 000	
三、利润总额（亏损总额以“－”号填列）	239 500	
减：所得税费用	58 100	
四、净利润（净亏损以“－”号填列）	181 400	
（一）持续经营净利润（净亏损以“－”号填列）		
（二）终止经营净利润（净亏损以“－”号填列）		
五、其他综合收益的税后净额		
（一）不能重分类进损益的其他综合收益		
1. 重新计量设定受益计划变动额		
2. 权益法下不能转损益的其他综合收益		
3. 其他权益工具投资公允价值变动		
4. 企业自身信用风险公允价值变动		
……		
（二）将重分类进损益的其他综合收益		
1. 权益类下可转损益的其他综合收益		
2. 其他债权投资公允价值变动		
3. 金融资产重分类计入其他综合收益的金额		
4. 其他债权投资信用减值准备		
5. 现金流量套期储备		
6. 外币财务报表折算差额		
……		
六、综合收益总额	181 400	
七、每股收益		
（一）基本每股收益	0.0907	
（二）稀释每股收益		

课堂讨论

利润表中各项目的本期金额具体如何填列？请逐一举例说明。

实践操作

假定通达公司2021年年末损益类账户发生额如表6－7所示。

表6－7 **损益类账户发生额** 单位：元

账户名称	借方发生额	贷方发生额
主营业务收入		650 000
营业外收入		25 000
投资收益		12 000
公允价值变动收益		5 400
主营业务成本	260 000	
税金及附加	3 200	
销售费用	61 000	
管理费用	109 000	
财务费用	7 000	
资产减值损失	8 000	
信用减值损失	2 700	
营业外支出	19 000	
所得税费用	53 500	

要求：根据通达公司2021年年末损益类账户发生额，编制该公司2021年度的利润表。

任务四　现金流量表的编制

学习情境一　现金流量表的内容与格式

一、现金流量表的内容

1．现金流量表的含义

现金流量表是反映企业在一定会计期间现金和现金等价物流入及流出的报表。该财务报表是以收付实现制为基础，提供一定时期现金流入、流出的渠道和金额，按照会计期间实际收付的现金对相关项目进行确认、计量和报告，是对以权责发生制为基础所编制的资产负债表和利润表的补充。

在现金流量表中，现金包括货币资金（库存现金、银行存款和其他货币资金）和现金等价物（如债券投资等）的资金。

2. 现金流量表的内容

现金流量表是根据“现金流入－现金流出＝现金净流量”这一关系反映企业经营活动、投资活动、筹资活动的现金变动情况。

（1）经营活动产生的现金流量。

经营活动，指企业投资活动和筹资活动以外的所有交易和事项，包括销售商品或提供劳务、购买商品或接受劳务、收到的税费返还、支付职工薪酬、支付广告费用、支付各项税费等。

（2）投资活动产生的现金流量。

投资活动，指企业长期资产购建和不包括在现金等价物范围内的投资及其处置活动。编制现金流量表所指的“投资”既包括对外投资，又包括长期资产的购建和处置，包括取得和收回权益性投资、购买和收回权益性投资、购建和处置固定资产、无形资产和其他长期资产等。

（3）筹资活动产生的现金流量。

筹资活动，指导致企业资本及债务规模和构成发生变化的活动，包括吸收权益性资本、发行债券、借入资金、支付股利、偿还债务等。

（4）汇率变动对现金及现金等价物的影响。

该项目反映企业外币现金流量及境外子公司的现金流量折算为人民币时，所采用的现金流量发生日的即期汇率或按照系统合理的方法确定的、与现金流量发生日即期汇率近似汇率所折算的人民币金额与“现金及现金等价物净增加额”中的外币现金净增加额按期末汇率折算的人民币金额之间的差额。

二、现金流量表的格式

在我国，现金流量表一般采用报告式，包括表首、正表和补充资料。

其中，表首概括地说明报表名称、编制单位、编制日期、报表编号、金额单位等。

正表按现金流量的性质分别以现金流入量和现金流出量的差额来反映经营活动、投资活动、筹资活动所产生的现金流量净额。正表的每一项目都需要给出“本期金额”和“上期金额”两个数据。

补充资料除了按照一定的方法把净利润调整为经营活动的现金流量外，还提供对分析未来现金流量有用的、不影响当期现金流量的有关信息。正表和补充资料之间存在勾稽关系，可用以检验现金流量表的编制是否正确。现金流量表正表的基本格式如表6－8所示，补充资料格式如表6－9所示。

学习情境二　现金流量表的编制方法

现金流量表正表和补充资料的编制方法不同，正表一般按照资产负债表、利润表及其他相关会计账户的记录数据来编制。

一、现金流量表正表的编制方法

在具体编制现金流量表时，企业可根据业务量的大小及复杂程度，采用工作底稿法或T形账户法，也可以直接根据有关会计账户的记录分析填列。

1. 工作底稿法

工作底稿法是利用资产负债表、利润表及其他相关会计数据，通过编制工作底稿，对现金流量表的每一项目进行分析并编制调整分录，进而编制出现金流量表的一种方法。

采用工作底稿法编制现金流量表的具体步骤如下。

第一步，将资产负债表的年初余额和期末余额分别过入工作底稿中相应的年初余额和期末余额栏。

第二步，对当期业务进行分析并编制调整分录。调整分录大致有以下几类：一是将权责发生制下的收入与费用转化为收付实现制下的现金流入与流出；二是将资产负债表中与投资、筹资有关的活动反映到现金流量表的相应项目中；三是将利润表中与投资、筹资有关的活动反映到现金流量表的相应项目中。

第三步，将调整分录计入工作底稿的相应项目。

第四步，核对调整分录。借贷合计应当相等。利润表调整金额应当等于利润表期末数，资产负债表资产项目年初余额加上调整分录的借方余额减去调整分录的贷方余额应当等于资产项目期末余额，资产负债表负债和所有者权益项目年初余额加上调整分录的贷方余额减去调整分录的借方余额应当等于负债和所有者权益项目期末余额。

第五步，根据工作底稿中的现金流量表项目金额编制正式的现金流量表。

2. T形账户法

T形账户法是利用资产负债表、利润表及其他相关会计数据，通过登记T形账户，对现金流量表的每一项目进行分析并编制调整分录，进而编制出现金流量表的一种方法。

采用T形账户法编制现金流量表的具体步骤如下。

第一步，为资产负债表和利润表的所有非现金项目分别开设T形账户，并计入各自的期初期末数（指资产负债表项目）或本期发生数（指利润表项目）。

第二步，开设一个大的“现金及现金等价物”T形账户，每边分为经营活动、投资活动和筹资活动三个部分，左边计现金流入，右边计现金流出，与其他账户一样，计入现金期初期末数。

第三步，以利润表项目为基础，结合资产负债表分析每一个非现金项目的变动，并据此编制调整分录。

第四步，将调整分录计入各T形账户并进行核对，该账户借贷相抵后的余额与原先过入的期末期初数应当一致。

第五步，根据大的“现金及现金等价物”T形账户编制正式的现金流量表。

3. 分析填列法

分析填列法是直接根据资产负债表、利润表和有关经济业务记录进行分析，判断其是否影响现金流量，从而计算出现金流量表各项目的金额，并据以编制现金流量表的一种方法。

二、现金流量表补充资料的编制方法

1. 将净利润调节为经营活动的现金流量

(1) 资产减值准备项目，可以根据“资产减值损失”“信用减值损失”账户的记录分析填列。

(2) 固定资产折旧、油气资产折耗、生产性生物资产折旧项目，可以根据“累计折旧”“累计折耗”等账户的贷方发生额分析填列。

(3) 无形资产摊销项目，可以根据“累计摊销”账户的贷方发生额分析填列。

(4) 长期待摊费用摊销项目，可以根据“长期待摊费用”账户的贷方发生额分析填列。

(5) 处置固定资产、无形资产和其他长期资产的损失情况项目，可以根据“资产处置损益”“营业外收入”“营业外支出”等账户所属有关明细账户的记录分析填列。

(6) 固定资产报废损失项目，可以根据“营业外支出”账户所属有关明细账户的记录分析填列。

(7) 公允价值变动损失项目，可以根据“公允价值变动损益”账户所属有关明细账户的记录分析填列。

(8) 财务费用项目，可以根据“财务费用”账户的本期借方发生额分析填列，如为收益，以“－”号填列。

(9) 投资损失项目，可以根据利润表中投资收益项目的数字填列，如为投资收益，以“－”号填列。

(10) 递延所得税资产减少、递延所得税负债增加项目，可以分别根据“递延所得税资产”“递延所得税负债”账户的发生额分析填列。

(11) 存货的减少项目，可以根据资产负债表中存货项目年初余额与期末余额的差额填列，如期末余额大于年初余额，则以“－”号填列。

(12) 经营性应收项目的减少项目，反映经营性应收项目（应收账款、应收票据、预付账款、长期应收款、其他应收款以及与经营活动有关部分应收的增值税销项税额等）的年初余额与期末余额的差额，如期末余额大于年初余额，则以“-”号填列。

（13）经营性应付项目的增加项目，反映经营性应付项目（应付账款、应付票据、预收账款、应付职工薪酬、应交税费、长期应付款、其他应付款以及与经营活动有关部分应付的增值税进项税额等）的期末余额与年初余额的差额，如期末余额小于年初余额，则以“-”号填列。

2. 不涉及现金收支的重大投资和筹资活动

（1）债务转为资本项目，反映企业本期转为资本的债务金额。

（2）一年内到期的可转换公司债券项目，反映企业一年内到期的可转换公司债券的本息。

（3）融资租入固定资产项目，反映企业本期融资租入固定资产的最低租赁付款额扣除应分期计入利息费用的未确认融资费用后的净额。

3. 现金及现金等价物净增加情况项目

其是对现金流量表中“现金及现金等价物净增加额”的补充说明，其金额应与现金流量表中“现金及现金等价物净增加额”的金额相符。

三、现金流量表编制举例

下面举例说明分析填列法下现金流量表的编制过程。

【例6-3】沿用例6-1和例6-2的资料。通达公司为增值税一般纳税人，增值税税率为13%，企业所得税税率为25%。2020年发生经济业务如下。

（1）购买一批甲材料，价款为300 000元，增值税为39 000元，款项均以银行存款支付。

（2）出售交易性金融资产，收到银行存款69 000元，该交易性金融资产没有出现过公允价值变动。

（3）从银行提取现金22 800元，以备发放工资。

（4）结算并用现金支付职工薪酬，其中一线工人工资15 820元，车间管理人员工资4 360元，行政管理部门人员工资2 620元。

（5）验收入库原材料一批，成本为120 000元，货款已于上年支付。

（6）收到应收账款（不含增值税）60 000元，已存入银行。

（7）销售产品一批，售价500 000元，增值税为65 000元，产品成本为260 000元，款项均已存入银行。

（8）车间领用甲材料180 000元，准备用于生产A产品。

（9）购买轿车一辆，价款970 000元，增值税为126 100元，运杂费和包装费共计2 100元。所有款项均以银行存款支付。

（10）计提车间应负担的折旧费用160 000元，管理部门应负担的折旧费用30 000元。

（11）以银行存款缴纳增值税32 500元，教育费附加850元。

（12）摊销无形资产20 000元；缴纳印花税3 000元；支付车间固定资产修理费35 000元。

（13）收到应收现金股利6 000元（按成本法核算，相关企业所得税税率均为25%），已存入银行。

（14）出售一台设备收到款项30 000元，该设备账面原值65 000元，已提折旧32 000元。

（15）购入工程物资一批用于建造厂房，价款100 000元，增值税为13 000元，款项已用银行存款支付。

（16）领用一批工程物资110 000元，应付职工薪酬63 500元，缴纳耕地占用税9 000元。

（17）用银行存款150 000元去投资南方公司，获得18%有表决权的股份，准备长期持有。

（18）向银行借入3年期借款500 000元，已存入银行账户，准备用于构建固定资产。

（19）归还短期借款本金300 000元，利息8 500元。

（20）用银行存款支付广告费30 000元。

（21）年末计提应收账款的坏账准备3 500元；

（22）年末计提存货跌价准备10 000元。

（23）将损益类账户结转本年利润。

（24）计算并结转应缴纳的所得税。

（25）提取法定盈余公积并向投资者分配股利。

（26）将利润分配各账户余额转入“未分配利润”明细账户，结转本年净利润。

根据上述资料，首先逐笔分析各项经济业务，判断是否影响现金流量，各项业务分析如下。

业务（1）：经营活动现金流出——购买商品、接受劳务支付的现金339 000元。

业务（2）：投资活动现金流入——收回投资收到的现金69 000元。

业务（4）：经营活动现金流出——支付给职工以及为职工支付的现金22 800元。

业务（6）：经营活动现金流入——销售商品、提供劳务收到的现金60 000元。

业务（7）：经营活动现金流入——销售商品、提供劳务收到的现金565 000元。

业务（9）：投资活动现金流出——购建固定资产、无形资产和其他长期资产支付的现金1 098 200元。

业务（11）：经营活动现金流出——支付的各项税费33 350元。

业务（12）：经营活动现金流出——支付的各项税费3 000元和支付其他与经营活动有关的现金35 000元。

业务（13）：投资活动现金流入——取得投资收益收到的现金6 000元。

业务（14）：投资活动现金流入——处置固定资产、无形资产和其他长期资产收回的现金净额30 000元。

业务（15）：投资活动现金流出——购建固定资产、无形资产和其他长期资产支付的现金 113 000 元。

业务（16）：投资活动现金流出——购建固定资产、无形资产和其他长期资产支付的现金 9 000 元。

业务（17）：投资活动现金流出——投资所支付的现金 150 000 元。

业务（18）：筹资活动现金流入——取得借款收到的现金 500 000 元。

业务（19）：筹资活动现金流出——偿还债务支付的现金 300 000 元和分配股利、利润和偿付利息支付的现金 8 500 元。

业务（20）：经营活动现金流出——支付其他与经营活动有关的现金 30 000 元。

除上述业务外，其余业务均不影响当期现金流量，不纳入现金流量表正表的范畴。

其次，在以上分析的基础上，归纳计算通达公司 2020 年度现金流量表中各项目金额。

经营活动现金流入流出：

销售商品、提供劳务收到的现金 = 业务（6） + 业务（7） = 60 000 + 565 000 = 625 000（元）

购买商品、接受劳务支付的现金 = 业务（1） = 339 000（元）

支付给职工以及为职工支付的现金 = 业务（4） = 22 800（元）

支付的各项税费 = 业务（11） + 业务（12） = 33 500 + 3 000 = 36 500（元）

支付其他与经营活动有关的现金 = 业务(12) + 业务(20) = 35 000 + 30 000 = 65 000(元)

投资活动现金流入流出：

收回投资收到的现金 = 业务（2） = 69 000（元）

取得投资收益收到的现金 = 业务（13） = 6 000（元）

处置固定资产、无形资产和其他长期资产收回的现金净额 = 业务（14） = 30 000（元）

购建固定资产、无形资产和其他长期资产支付的现金 = 业务(9) + 业务(15) + 业务(16)
= 1 098 200 + 113 000 + 9 000
= 1 220 200（元）

投资支付的现金 = 业务（17） = 150 000（元）

筹资活动现金流入流出：

取得借款收到的现金 = 业务（18） = 500 000（元）

偿还债务支付的现金 = 业务（19） = 300 000（元）

分配股利、利润和偿付利息支付的现金 = 业务（19） = 8 500（元）

最后，根据上述数据，编制现金流量表（见表 6-8）和补充资料（见表 6-9）。

表 6－8　　**现金流量表**

会企 03 表

编制单位：通达公司　　2020 年　　单位：元

项目	本期金额	上期金额（略）
一、经营活动产生的现金流量		
销售商品、提供劳务收到的现金	625 000	
收到的税费返还	0	
收到的其他与经营活动有关的现金	0	
经营活动现金流入小计	625 000	
购买商品、接受劳务支付的现金	339 000	
支付给职工以及为职工支付的现金	22 800	
支付的各项税费	36 500	
支付其他与经营活动有关的现金	65 000	
经营活动现金流出小计	463 300	
经营活动产生的现金流量净额	161 700	
二、投资活动产生的现金流量		
收回投资收到的现金	69 000	
取得投资收益收到的现金	6 000	
处置固定资产、无形资产和其他长期资产收回的现金净额	30 000	
处置子公司及其他营业单位收到的现金净额	0	
收到其他与投资活动有关的现金	0	
投资活动现金流入小计	105 000	
购建固定资产、无形资产和其他长期资产支付的现金	1 220 200	
投资所支付的现金	150 000	
取得子公司及其他营业单位支付的现金净额	0	
支付其他与投资活动有关的现金	0	
投资活动现金流出小计	1 370 200	
投资活动产生的现金流量净额	－1 265 200	
三、筹资活动产生的现金流量		
吸收投资收到的现金	0	
取得借款收到的现金	500 000	
收到其他与筹资活动有关的现金	0	
筹资活动现金流入小计	500 000	
偿还债务支付的现金	300 000	
分配股利、利润或偿付利息支付的现金	8 500	

续表

项目	本期金额	上期金额（略）
支付其他与筹资活动有关的现金	0	
筹资活动现金流出小计	308 500	
筹资活动产生的现金流量净额	191 500	
四、汇率变动对现金及现金等价物的影响	0	
五、现金及现金等价物净增加额	-1 130 834	
加：现金及现金等价物期初余额	2 372 000	
六、现金及现金等价物期末余额	1 241 166	

表 6-9　　现金流量表补充资料　　单位：元

1. 将净利润调节为经营活动现金流量	
净利润	181 400
加：资产减值准备	12 500
固定资产折旧、油气资产折耗、生产性生物资产折旧	190 000
无形资产摊销	20 000
长期待摊费用摊销	0
处置固定资产、无形资产和其他长期资产的损失（收益以“-”号填列）	3 000
固定资产报废损失（收益以“-”号填列）	20 000
公允价值变动损失（收益以“-”号填列）	0
财务费用（收益以“-”号填列）	8 000
投资损失（收益以“-”号填列）	-5 000
递延所得税资产减少（增加以“-”号填列）	0
递延所得税负债增加（减少以“-”号填列）	-17 700
存货的减少（增加以“-”号填列）	257 090
经营性应收项目的减少（增加以“-”号填列）	-31 640
经营性应付项目的增加（减少以“-”号填列）	-475 950
其他	0
经营活动产生的现金流量净额	161 700
2. 不涉及现金收支的重大投资和筹资活动	
债务转为资本	0
一年内到期的可转换公司债券	0
融资租入固定资产	0
3. 现金及现金等价物净增加情况	
现金的期末余额	1 241 166

续表

减：现金的期初余额	2 372 000
加：现金等价物的期末余额	0
减：现金等价物的期初余额	0
现金及现金等价物净增加额	－1 130 834

课堂讨论

1. 资产负债表和利润表已经全面反映了企业的财务状况和经营成果，为什么还要单独编制现金流量表？

2. 什么是现金等价物？在实际工作中企业如何判断现金等价物？

任务五　所有者权益变动表的编制

学习情境一　所有者权益变动表的内容与格式

一、所有者权益变动表的内容

1. 所有者权益变动表的含义

所有者权益变动表是反映企业在一定会计期间内构成所有者权益的各组成部分增减变动情况的报表。

所有者权益变动表不仅反映企业所有者权益总量的增减变动，还反映所有者权益增减变动的重要结构性信息，以便让报表使用者准确理解所有者权益增减变动的根源。

2. 所有者权益变动表的内容

在所有者权益变动表中，企业至少应当单独列示反映下列项目：

（1）综合权益总额；

（2）会计政策变更和差错更正的累积影响金额；

（3）所有者投入资本和向所有者分配利润等；

（4）按照规定提取的盈余公积；

（5）所有者权益各组成部分的期初和期末余额及其调节情况。

二、所有者权益变动表的格式

所有者权益变动表包括表首和正表。

其中，表首需要标明报表名称、编制单位、编制日期、报表编号、金额单位等。

正表是所有者权益变动表的主体。从纵向看，该表的每一项目都需要给出“本年金额”和“上年金额”两类数据。每一类数据又包含实收资本、资本公积、库存股(减项)、其他综合收益、盈余公积、未分配利润、所有者权益合计等数据的变动情况。从横向看，所有者权益变动表从四个部分说明交易或事项对所有者权益变动的影响：

第一部分是上年年末余额；

第二部分是本年年初余额；

第三部分是本年增减变动金额；

第四部分是本年年末余额。

所有者权益变动表的具体格式如表 6－10 所示。

学习情境二　所有者权益变动表的编制方法

一、所有者权益变动表的编制依据

所有者权益变动表是根据企业所登记的相关账簿数据来编制的，使用的数据基本上是所有者权益类账户的发生额和期末余额。

二、所有者权益变动表的具体编制方法

1. 上年金额栏的填列方法

上年金额栏内各数字，应根据上年度所有者权益变动表本年金额栏内所列数字填列，或根据上年资产负债表中所有者权益各项目的年末余额填列。如果上年度该表各项目的名称和内容与本年度不一致，应将上年度各项目的名称和数字调整为与本年度一致后，再填入上年金额栏内。

2. 本年金额栏的填列方法

本年金额栏内各数字，应根据所有者权益各项目账户的发生额分析填列。具体填列方法如下。

（1）上年年末余额项目，反映企业上年资产负债表中所有者权益各项目的年末余额，分别根据上年度所有者权益变动表的本年年末余额填列。

会计政策变更项目、前期差错更正项目，分别根据“盈余公积”“利润分配——未分配利润”账户分析填列。

（2）本年年初余额项目，根据所有者权益变动表上年年末余额项目的金额，加上上一年度的会计政策变更及前期差错更正两个项目金额后的数额填列。

（3）本年增减变动金额项目（减少以“－”号填列），应根据与导致所有者权益变动的交易或事项有关的账户发生额分析填列。

表 6－10

所有者权益变动表

会企 04 表

编制单位：通达公司　　2020 年　　单位：元

项目	本年金额							上年金额						
	实收资本（或股本）	资本公积	减：库存股	其他综合收益	盈余公积	未分配利润	所有者权益合计	实收资本（或股本）	资本公积	减：库存股	其他综合收益	盈余公积	未分配利润	所有者权益合计
一、上年年末余额														
加：会计政策变更														
前期差错更正														
二、本年年初余额														
三、本年增减变动金额（减少以“－”号填列）														
（一）综合收益总额														
（二）所有者投入资本和减少资本														
1. 所有者投入资本														
2. 股份支付计入所有者权益的份额														
3. 其他														
（三）利润分配														
1. 提取盈余公积														
2. 对所有者（或股东）的分配														
3. 其他														
（四）所有者权益内部结转														
1. 资本公积转增资本（或股本）														
2. 盈余公积转增资本（或股本）														
3. 盈余公积弥补亏损														
4. 其他														
四、本年年末余额														

综合收益总额项目，反映净利润和其他综合收益扣除所得税影响后的净额相加后的合计金额。

所有者投入和减少资本项目，反映企业当年所有者投入的资本和减少的资本，可细分为三个明细项目：所有者投入的普通股项目、其他权益工具持有者投入资本项目和股份支付计入所有者权益的金额项目。

利润分配项目，反映企业当年的利润分配金额，又细分为三个明细项目：提取盈余公积项目、对所有者（或股东）的分配项目和其他项目。

所有者权益内部结转项目，反映企业构成所有者权益的组成部分之间的增减变动情况，具体又分为资本公积转增资本（或股本）项目、盈余公积转增资本（或股本）项目、盈余公积弥补亏损项目和其他项目。

（4）本年年末余额项目，根据所有者权益变动表的本年年初余额项目的金额，加上净利润项目的金额，加上或减去直接计入所有者权益的利得和损失中各明细项目的金额，再加上或减去利润分配中各明细项目金额和所有者权益内部结转中各明细项目金额后的数额填列。

课堂讨论

1. 在所有者权益变动表中，为什么要单独列示综合收益总额项目？

2. 什么是会计政策变更项目和前期差错更正项目？这两个项目应根据什么账户来填列？

任务六　财务报表附注

学习情境一　财务报表附注的含义和形式

一、财务报表附注的含义

财务报表附注，是对在资产负债表、利润表、现金流量表和所有者权益变动表等报表中列示项目的文字描述或明细资料注解，以及对未能在这些报表中列示项目的说明等。

二、财务报表附注的形式

财务报表附注的编制形式主要有以下四种。

1. 尾注

尾注又称底注，指在财务报表后面用一定文字和数字所作的说明。一般适用于内容较多的项目说明，例如，资产负债表中存货项目数字的构成说明等。

2. 旁注

旁注又称括弧说明，指在财务报表有关项目旁边直接用括号加注说明，是最简单的报表注释方法。例如，资产负债表中有“实收资本（或股本）”、利润表中有“投资收益（损失以“－”号填列）”等。

3. 脚注

脚注是在报表的当页下端进行的说明。例如，资产负债表下端一般有几条信息，如“已贴现的应收票据××××元”等。

4. 补充说明

补充说明是用于解释一些无法列入财务报表主体中的内容。例如，企业基本情况、关联方关系及其交易等内容的说明。

学习情境二　财务报表附注的内容

财务报表附注应当披露的主要内容如下。

一、企业的基本情况

（1）企业注册地、组织形式和总部地址；

（2）企业的业务性质和主要经营活动；

（3）母公司以及集团最终母公司的名称；

（4）财务报告的批准报出者和财务报告批准报出日，或者以签字人及其签字日期为准；

（5）营业期限有限的企业，还应当披露有关营业期限的信息。

二、财务报表的编制基础

企业应当基于持续经营原则来编制财务报表，并对会计年度、记账本位币、会计计量基础、现金和现金等价物的构成等进行说明。

三、遵循企业会计准则的声明

企业应当声明编制的财务报表符合企业会计准则的要求，真实、完整地反映了企业的财务状况、经营成果和现金流量等有关信息。

四、重要会计政策和会计估计

企业应当在附注中披露采用的重要会计政策和会计估计，不重要的会计政策和会计估计可以不披露。

同时，企业还应当披露重要会计政策的确定依据、财务报表项目的计量基础，以及会计估计中采用的关键假设和不确定因素。

五、会计政策和会计估计变更以及差错更正的说明

企业应当按照企业会计准则的规定，披露会计政策和会计估计变更以及差错更正的有关情况。

六、报表重要事项的说明

企业应当按照资产负债表、利润表、现金流量表、所有者权益变动表及其项目列示的顺序，采用文字和数字描述相结合的方式，对财务报表的重要项目进行披露。财务报表重要项目的明细金额合计，应当与报表项目金额相衔接。

七、或有事项、资产负债表日后非调整事项

需要在财务报表附注中披露说明的或有事项主要有预计负债的种类、形成原因和经济利益流出的不确定性说明；与预计负债有关的预期补偿金额和本期已确认的预期补偿金额；或有负债的种类、形成原因和经济利益流出的不确定性说明；或有负债预计产生的财务影响和获得补偿的可能性、无法预计的原因说明；或有资产很有可能给企业带来经济利益的，要说明原因以及预计产生的财务影响；未决诉讼、未决仲裁的性质以及没有披露的原因。

若资产负债表日后才发生或存在的重大事项，应加以说明，以便信息使用者正确理解财务报表。

八、关联方关系及其交易

该项说明包括母公司和子公司的名称；母公司和子公司的业务性质、注册地、注册资本（或实收资本、股本）及其当期发生的变化；母公司对该企业或该企业对子公司的持股比例和表决权比例；企业与关联方发生关联交易的，说明关联方关系的性质、交易类型和交易要素。

九、有助于财务报表使用者评价企业管理资本的目标、政策及程序的信息

该项说明包括如何实现资本管理目标的说明及资本结构的定量数据摘要等信息。相比于资本管理受行业监管部门监管要求的金融企业，非金融企业资本管理的目标、政策及程序的披露相对简单。

本项目小结

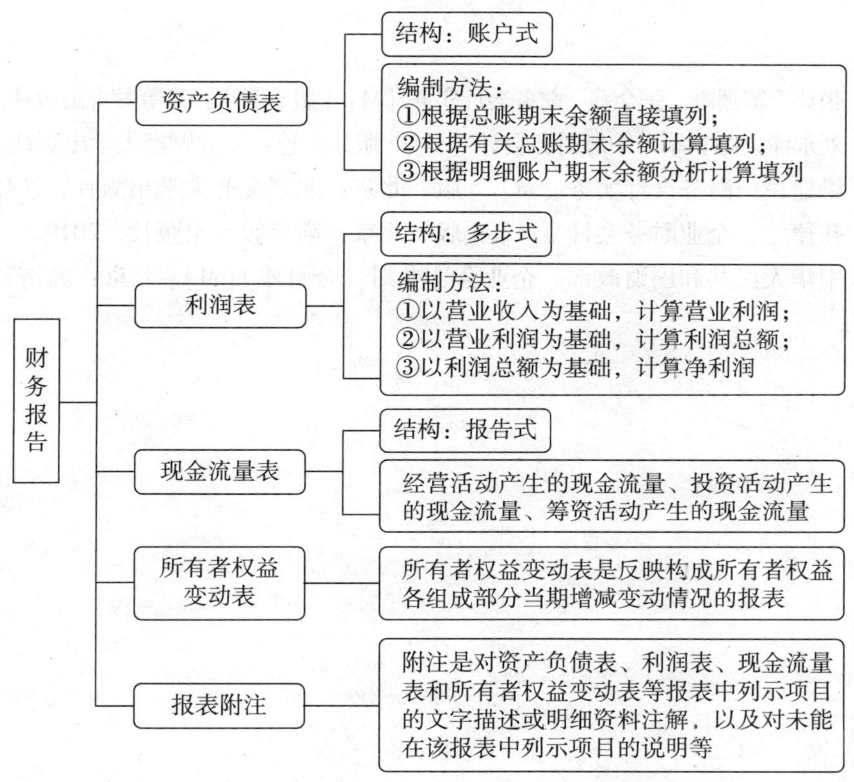
财务报告
资产负债表
结构：账户式
编制方法：
①根据总账期末余额直接填列；
②根据有关总账期末余额计算填列；
③根据明细账户期末余额分析计算填列
利润表
结构：多步式
编制方法：
①以营业收入为基础，计算营业利润；
②以营业利润为基础，计算利润总额；
③以利润总额为基础，计算净利润
现金流量表
结构：报告式
经营活动产生的现金流量、投资活动产生的现金流量、筹资活动产生的现金流量
所有者权益变动表
所有者权益变动表是反映构成所有者权益各组成部分当期增减变动情况的报表
报表附注
附注是对资产负债表、利润表、现金流量表和所有者权益变动表等报表中列示项目的文字描述或明细资料注解，以及对未能在该报表中列示项目的说明等

参考文献

［1］张英，解媚霞，张会莉．财务会计实务［M］.4 版．北京：高等教育出版社，2018.

［2］刘永泽，陈立军．中级财务会计［M］.6 版．大连：东北财经大学出版社，2018.

［3］梁建民．财务会计实务［M］.2 版．北京：北京交通大学出版社，2013.

［4］孔德兰．企业财务会计［M］.4 版．北京：高等教育出版社，2019.

［5］中华人民共和国财政部．企业会计准则（合订本）［M］．北京：经济科学出版社，2017.

附录　资源导航